다음 다음 단계를 준비하라

국립중앙도서관 출판시도서목록(CIP)

다음다음 단계를 준비하라
/리처드 템플러 지음; 홍정희 옮김.
— 서울:한국능률협회출판, 2003
　　P. ;　　cm.

관제: 미래 CEO를 위한 10×10가지 성공 법칙
원서명: The rules of work
원저자명: Templar, Richard
ISBN 89-7277-217-8　03320 : ₩10,000

325.04-KDC4
650.1-DDC21　　　　　　　　　CIP 2003000472

다음다음 단계를 준비하라

THE RULES OF WORK

리처드 템플러 지음 | 홍정희 옮김

한국능률협회

다음다음 단계를 준비하라

초판 1쇄 발행/2003년 5월 28일
2쇄 발행/2004년 5월 20일

지은이/리처드 템플러
옮긴이/홍정희

펴낸이/이용녕
펴낸곳/한국능률협회출판(주)
출판등록/1978년 5월 15일(제13-19호)

주소/서울 마포구 도화동 544 고려빌딩 3층
홈페이지/www.kmabook.com
이메일/mail@kmabook.com
전화/(02)719-1424
팩시밀리/(02)715-7807

값 10,000원

ISBN 89-7277-217-8 03320

법칙 1 자신의 일을 완벽하게 하라

법칙 2 항상 남의 판단을 받고 있다는 점을 명심하라

법칙 3 계획을 가져라

법칙 4 좋은 말을 할 수 없으면 입 다물고 있어라

법칙 5 자신을 관리하라

법칙 6 사람들과 잘 융합하라

| 감사의 말 |

레이첼 스톡에게 감사드립니다.
그녀의 아낌없는 후원과 열정, 그리고 정신적 지원이 없었다면
이 책은 결코 세상에 나오지 못했을 것입니다.

추측하건대 대부분의 사람들이 자신의 일을 잘하기를 원하는 것 같다. 이 역시 추측이지만 또한 더 중요한 일, 더 많은 봉급, 더 큰 안정, 더 높은 지위, 더 밝은 미래를 원하는 것 같다. 그래서 사람들은 자신의 일을 잘하기 위해 노력한다. 그래야 그에 대한 보상을 받을 수 있고, 인정도 받을 수 있으며, 승진도 할 수 있기 때문이다.

그러나 이 점이 바로 우리가 헛다리 짚는 부분이다. 이것은 추측이 아니라 사실이다.

물론 사람들은 자신의 일을 정말 잘해야 한다. 자주 실수를 저지르는 사람이나 게으른 사람, 또는 반(反)사회적 이상 성격을 지닌 사람에게는 미래가 없다. 하지만 리처드 템플러는 자신의 일을 더 잘할수록 조직 내에서 더 빨리 승진할 수 있다고 결론짓는 암묵적 논리에 대해 결점을 꼬집어 내고 있다. 템플러는 우리가 2가지 일을 하고 있으면서도 대부분은 그중 하나만을 의식하고 있음을 지적한다. 당장 눈앞에 있는 일만을 의식한다는 것이다. 예를 들면, 판매 대상자를 만나는 일이라든지, 기계 고장으로 인한 작업 중단 시간을 줄이는 일이라든지, 월별 경영 보고서 작성의 속도를 높이는 일 등이 해당된다. 나머지 한 가지 일은 범위가 넓고 좀 더 막연한데, 조직이 원활히 돌아가도록 하기 위한 일 등이 여기에 속한다. 사람들이 당신에 대해 사내에서 맡고 있는 부분적인 일뿐만 아니라 회사 전체의 문제도 해결할 능력을 갖추었다고 생각한다면 당신은 이미 그 무리로부터 한 걸음 떨어져 있는 것이다. 하지만 어떻게 해야 그렇게 할 수 있는가? 여기 간단한 해답이 있다. 바로 '이 책을 읽는 것'이다. 이 책의 '법칙들'을 따라해 보라.

나는 이 책을 읽으면서 내가 항상 이 책의 '법칙들'을 반쯤은 의식하고 있었음을 깨닫게 되었다. 하지만 리처드 템플러가 일에 도입한 '명확하고 상세한 태도'로 그 법칙들을 공식으로 만들거나 분석한 적은 없었다. BBC에서 많은 승진 후보자들을 인터뷰했던 적이 있었다. 그때 나는 승진 지원자들 대부분이 어쩐지 최고경영자가 될 만한 재원들로는 보이지 않는다고 느꼈었다. 그들의 옷차림이나 걸음걸이, 말투 때문이었을까? 그런 것들이 조금씩은 작용했을 것이다. 그러나 무엇보다도 그들의 태도, 즉 사고방식이 다른 모든 것에 영향을 미쳤던 것이다.

그들은 대부분 자신이 현재 맡고 있는 일을 얼마나 잘하는지 강조했다. 하지만 그건 정말 불필요한 일이었다. 우리는 그 사실을 잘 알고 있었기 때문이었다. 바로 그 때문에 그들이 그곳에 와서 인터뷰할 자격을 얻었던 것이므로, 그런 점을 강조해 봐야 아무 소용없는 일이었다. BBC의 조직으로서의 직면 문제는 말할 것도 없거니와 자신이 지원하는 업무의 문제에 관해서도 실질적인 의견을 제시한 사람은 놀랍게도 거의 없었다. 현재 맡고 있는 일을 아주 잘 파악하고 있는 것과는 대조적인 현상이었다. 그들은 '법칙들'에는 전혀 관심이 없었던 것이다.

미국의 위대한 경영자인 피터 드러커는 효율성(efficiency)과 유효성(effectiveness)의 차이점을 매우 훌륭하게 구분해 내고 있다. 효율성은 일을 제대로 해내는 것이고, 유효성은 제대로 된 일을 해내는 것이다. 하지만 제대로 된 일이 어떤 것인지는 당신 스스로 알아내야 한다. 그것은 조직 밖의 세상을 보는 것을 의미한다. 세상이 무엇을 필요로 하는지, 세상의 요구가 어떻게 변화하고 있는지, 조직은 생존과 번영을 위해 무엇을 해야 하고 무엇을 그만두어야 하는지를 이해해야 하는 것이다.

대기업의 최고경영자 두 사람을 인터뷰한 적이 있다. 두 사람 모두 대학 시절부터 명석하고 야심 있는 수백 명의 동창생들과 모임을 갖고 있었다. 나는 그 두 사람에게 어째서 그들은 최고의 자리에 올랐는데 나머지 친구들은 그러지 못했는지 물었다. 한 사람은, 잘은 모르겠지만 자신이 하던 일에서 손을 떼면 그 일은 망해 버렸다고 했다. 다른 한 사람 역시 잘 모르겠지만 자신이 지금까지 해 왔던 일은 자기가 시작하기 전까지는 존재하지 않았던 일이라고 말했다. 두 사람 모두 제대로 된 일을 해내고, 하급 관리직이나 중간급 관리직에 있을 때에도 마치 조직의 회장인 듯 생각하는 데 집중해 왔던 매우 적절한 사례가 되었다. 그러므로 나는 그들이 다른 모든 법칙들 역시 잘 따랐을 것이며, 따라서 늘 왠지 더 높은 직급의 일을 맡을 사람으로 보였을 것이라고 확신한다. 리처드 템플러가 강조하는 것처럼 그 두 사람은 조직 전체에서 인기가 있었고 존경도 받고 있었다. 화난 동료, 분개하는 동료, 풍속을 문란하게 하는 동료들에게 둘러싸여 있으면 성공적인 최고경영자가 될 수 없다.

이 책은 개별적인 경영자를 위한 최초이자 최상의 안내서이다. 즉, 정상에 도달하고 싶지만 그곳까지 안내해 줄 지도가 없어 길을 찾지 못하는 모든 사람들을 위한 지침서이다. 그러나 이 책은 또한 조직 자체를 위한 책이기도 하다. 조직은 화석화(化石化)라는 큰 위험에 직면하기 쉽다. '화석화' 란 내부 업무와 시스템과 과정에 지나치게 얽매인 나머지 외부 세계와 단절되는 것을 말한다. 모든 사람이 유효성이 아닌 효율성에만 매달린다면 이런 '조직의 화석화'가 발생하게 될 것이다. 그렇게 되지 않으려면 이 '법칙들'을 따라야 한다.

안토니 제이 경

영국 BBC의 인기 코미디 시리즈 'Yes Minister'의 작가이자
주인공 Sir Humphrey의 창조자, Video Arts의 창업자.

　내가 처음 이 책의 '법칙들'을 체계화하기 시작한 것은 오래 전 부(副)매니저로 일하던 때였다. 그때 내게 다음 단계인 매니저로 승진할 기회가 찾아왔다. 가능성 있는 후보는 2명이었는데, 나와 롭이었다. 이론상으로 내가 더 경험과 전문성을 갖추고 있었으며, 대부분의 직원들도 내가 상관이 되기를 원했다. 또한 새로 맡게 될 일에 대해 전반적으로 내가 더 잘 알고 있었다. 솔직히 말해서 롭은 쓸모없는 인간이었다.

　나는 회사에서 고용한 외부 컨설턴트와 이야기를 나누다가 내 승진 가능성을 어느 정도로 보는지 물었다. 그는 "아주 적습니다."라고 대답했다. 나는 화가 나서 내 모든 경험과 전문성, 유능함에 관해 설명했다. 그러나 그는 "그렇기는 합니다만, 당신은 매니저처럼 걷지는 않습니다."라고 대답했다. "그럼 롭은 어떻습니까?" "그것이 바로 롭의 강점입니다." 말할 것도 없이 그 컨설턴트의 예견대로 롭이 매니저가 되었고, 나는 그 멍청이 밑에서 일해야 했다. 그 멍청이는 걸음걸이가 적절했던 것이다. 나는 아주 조심스럽게 그 걸음걸이를 연구하기 시작했다.

　그 컨설턴트는 '매니저의 걸음걸이'를 간파하고 있었다. 나는 모든 직원, 모든 직급, 모든 사람이 실은 자신의 걸음걸이를 가지고 있다는 사실을 알아차리기 시작했다. 접수부 직원에게는 특유의 걸음걸이가 따로 있었다. 회계부 직원, 구내식당 직원, 사무부 직원, 행정부 직원, 안전 요원도 마찬가지였다. 물론 매니저 특유의 걸음걸이도 있었다. 나는 남몰래 그 걸음걸이를 연습하기 시작했다.

부분 보기

걸음걸이 관찰에 많은 시간을 보내게 되면서 나는 매니저의 복장과 화법, 행동에도 스타일이 있음을 깨닫게 되었다. 내 일을 잘하고 경험이 많다는 것만으로는 충분하지 않았다. 나는 다른 사람보다 나아 보여야만 했다. 걸음걸이뿐만이 아니었다. 그것은 완전한 개조 작업이었다. 그런 점들을 관찰해 감으로써 나는 어떤 신문을 읽는 것이 중요한지도 알아차리게 되었다. 어떤 펜을 사용하는지, 글씨를 어떻게 쓰는지, 동료들과 말할 때의 태도가 어떤지, 회의에서 어떤 말을 하는지도 마찬가지였다. 사실 모든 것을 판단하고 평가받고 있는 것이었으며, 그에 따라 결정이 내려지고 있는 것이었다. 일을 잘할 수 있는 것만으로는 충분하지 못하다. 만일 성공하고 싶다면 그에 적합한 유형으로 보여야 한다. 이 책은 그런 유형을 창조해 내는 방법을 다루고 있다. 물론 당신은 우선 해당 업무를 해낼 수 있는 능력을 갖추어야 한다. 그러나 그런 사람들은 얼마든지 있다. 그렇다면 당신을 돋보이게 해줄 만한 것은 무엇인가? 무엇이 당신으로 하여금 승진에 적합한 후보가 될 수 있도록 만드는 것인가? 그 차이가 무엇인가?

한 걸음 앞서 가라

매니저들 중에는 매니저의 걸음걸이를 마스터한 사람들이 있고, 그 다음 단계인 제너럴 매니저의 걸음걸이를 무의식중에 연습하고 있는 사람들도 있음을 알아차릴 수 있었다.

당시 나는 우연한 기회에 여러 지점을 돌며 일을 보고 있었는데, 제너럴 매니저들 중에는 지금의 직위를 오래 지키고 싶어하는 사람들이 있다는 사실을 알 수 있었다. 그러나 한발 앞서서 이미 다음 단계를 연습하고 있는 사람들도 있었다. 지역 총괄자의 걸음걸이를 연습하는 것이었다. 그들은 스타일과 이미지도 연습하고 있었다.

매니저의 걸음걸이를 연습하던 나는 한 단계 뛰어넘어 제너럴 매니저의 걸음걸이를 연습하기 시작했다. 그리고 3개월 후 나는 부(副)매니저에서 단번에 제너럴 매니저로 승진하게 되었다. 이제 그 멍청이의 상관이 된 것이다.

자신의 일을 완벽하게 하라

롭은 매니저의 걸음걸이로 걸었다(법칙 2.5: 눈에 띄는 자신만의 스타일을 개발하라). 그러나 불행하게도 그는 '법칙 1'에 충실하지 못했다. 자신의 일을 충분히 알지 못했던 것이다. 롭은 외모로 보나 말하는 태도로 보나 매니저에 적합해 보였지만 가장 근본적인 것, 즉 자신의 일을 제대로 잘할 수 없었다. 나는 롭의 위로 올라가야 했다. 회사 입장에서는 그를 내칠 수 없었다. 승진시킨 지 얼마 되지도 않아 해고시킨다면 그림이 좋지 않을 것이기 때문이었다. 그러자니 롭의 거듭되는 실수를 재빨리 바로 잡을 수 있도록 그의 업무를 감독할 사람이 필요했다. 롭은 무능력의 한계에 도달해 있었다. 몇 년간 그 자리에 머물며 더 나아지지도 특별히 더 나빠지지도 않는, 그저 괜찮아 보이는 상태에서 매니저에게 어울리는 걸음걸이를 유지할 뿐이었다. 그런 상황으로 질질 끌다가 그는 결국 자기 사업을 하겠다며 회사를 그만두었다. 그 사업이라는 것이 식당 운영이었는데, 얼마 지나지 않아 망해 버렸다. '법칙 1.2: 결코 가만히 있지 마라'

를 잊고 있었기 때문이었다. 실은 그 법칙을 전혀 모르고 있었을지도 모른다. 롭은 식당 주인처럼 걷는 대신 계속 매니저처럼 걸어 다녔던 것이다. 고객들은 정말 그를 마음에 들어하지 않았다.

나는 제너럴 매니저의 걸음걸이를 연습함으로써 승진하게 되었지만, 사실 승진에는 또 다른 이유가 있었다. 나는 맡은 일을 잘 해내기 위해 무척 많은 노력을 한다는 점이었다('법칙 1'). 일단 새로운 일을 맡게 되자 나는 역량의 한계를 절실히 느꼈다. 재빨리 새로운 역할과 모든 책임을 습득해야 했을 뿐만 아니라 아래 직책에 관해서도 배워야 했다. 사실 나는 그 직책을 맡아 일해 본 적이 없기 때문이었다. 매니저들의 대리 역할은 해보았지만, 실지로 매니저가 되어 본 적은 없었다. 하지만 이제 나는 매니저의 매니저가 되었다. 앞으로 고꾸라질 큰 위험에 처하게 된 것이다.

당신이 얼마나 열심히 일하는지 절대 아무에게도 알리지 마라

하지만 지금까지 나는 '법칙'을 매우 잘 지키는 사람이었다. 내가 의지하는 게 한 가지 있는데, 바로 '비밀 학습'이다. 나는 활용할 수 있는 모든 여가 시간, 즉 저녁 시간, 주말, 점심 시간 등을 가능한 한 모두 도움이 될 만한 것을 공부하는 데 투자했다. 그러나 나는 이런 사실을 아무에게도 말하지 않았다('법칙 1.10').

나는 짧은 시간 내에 일을 충분히 잘 해낼 수 있을 정도로 마스터했다.

계획을 가져라

제너럴 매니저가 된다는 것은 재미있는 일이기도 했지만 힘든 일이기도 했다. 일은 50%나 늘어난 반면 급여는 겨우 20%밖에 늘지 않았던 것이다. 논리적으로 보았을 때 내 다음 단계는 지역 총책임자였다. 그러나 그건 그다지 매력 있어 보이지 않았다. 일은 훨씬 더 많이 하면서도 그만큼의 급여가 주어지는 것은 아니기 때문이었다. 나는 '법칙 3: 계획을 가져라'를 연구하기 시작했다. 내가 다음 단계로 원하는 것은 무엇인가? 무엇을 하고 싶은가? 나는 늘 사무실에 붙잡혀 있는 것이 차츰 지루해지기 시작했고, 끝없이 이어지는 무시무시한 회의가 지겨워지기 시작했다. 본부 사무실에서 보내는 모든 시간들 역시 지긋지긋했다. 나에게는 맞지 않는 일이었다. 나는 다시 재미있는 시간을 보내고 싶어졌다. 법칙들을 실천에 옮기고 싶었던 것이다. 그래서 나는 나의 계획을 세우기 시작했다.

그 회사에 없는 것은 '순회(巡廻) 문제 해결사'였다. 말하자면 제너럴 매니저의 제너럴 매니저인 것이다. 나는 '법칙 1.4: 자신만의 특수 분야를 개척하라'를 실행에 옮기기 시작했다. 나는 회장에게 보고서가 필요하다는 제안을 했다. 내가 원하는 일이라고 제안하지는 않았지만, 협의 사항은 명백하다고 생각했다. 물론 내가 그 일을 맡게 되어 순회 제너럴 매니저가 되었다. 회장에게 단독으로 답을 제시할 수 있는 역할로서, 내가 설명했던 바로 그 일을 맡게 된 것이다. 그리고 급여는 어떻게 되었을까? 지역 총책임자보다 훨씬 더 많이 받게 되었다. 하지만 나는 '법칙 5: 자신을 관리하라'를 실천했다. 사람들은 이런 사실을 알지 못했고, 나도 굳이 알리지 않았다. 오히려 나는 사람들의 지지를 얻을 수 있었고, 그들과의 우정을 돈독히 할 수 있었다. 나는 결코 그들에게 위협이 되지 않았다. 내가 그들의 일을 빼앗고자 하는 것이 아니라는 점이 명백했기 때문이었다. 만일 그들이 사실을 알았더라면 내가 받고 있는 돈을 원했을지도 모른다. 하지만 그들은 내가 직접 개척해 낸 그 작은 영역의 특수 임무를 원하지 않았다.

나는 이 임무를 무자비하거나 부정직하거나 불쾌한 태도로 수행하지 않았다. 사실 나는 제너럴 매니저들과 일할 때 항상 외교적인 태도를 취했고, 그들을 예의 바르게 대했다. 심지어 그들의 업무 중 어떤 측면을 제지해야 할 때조차도 나는 정중한 태도를 취했다. 나는 '법칙 4: 좋은 말을 할 수 없으면 입 다물고 있어라'와 '법칙 8: 외교술을 연마하라'를 추가 도입했다.

'중요한 인물'들과 잘 알고 지내라

지점에서 어떤 일이 벌어지고 있는지 알려면 진상을 정말 잘 알고 있는 사람들, 즉 청소부나 접수부 직원, 회계부 직원, 엘리베이터 안내원, 운전 기사 등과 이야기하는 것이 가장 좋은 방법이라는 점을 나는 재빨리 알아 차렸다. 이런 사람들을 잘 알아보는 안목과 그들 편에 서는 것 모두 중요 했다('법칙 9.6'). 그들은 나에게 생각보다 많은 정보를 알려 주었다. 이런 정보에 대한 대가는 매우 간단한 것이었다. "안녕하슈, 밥. 댁의 따님은 요즘 대학 생활 잘 하고 계신가?" 정도면 충분했다.

이 책이 구체적인 형태를 갖추게 된 후, 나는 몇 년에 걸쳐 그 법칙들이 성장하고 성숙해지며 경험을 쌓아 가는 모습을 지켜보았다. 그리고 회사를 떠나 컨설팅 회사를 창업했다. 나는 이 책의 법칙에 따라 매니저들을 훈련했고, 그들이 세상에 나아가 멋지고 매너 있게, 자신감과 권위를 가지고 자신의 운명을 정복해 가는 모습을 지켜보았다.

그러나 독자 여러분은 몇 가지 의문을 가질 것으로 생각한다. 이런 법칙들이 어떻게 효과를 발휘한다는 것일까? 그 법칙들이 속임수는 아닐까? 그렇지 않다. 이 법칙들은 다른 누군가에게 무얼 하라고 시키는 것이 아니다. 변화와 발전을 경험하는 것은 바로 당신 자신이다.

- 나는 다른 누군가로 바뀌어야 하는가? 그렇지 않다. 행동을 약간 바꿀 필요는 있을 것이다. 하지만 성격이나 가치관은 바꿀 필요가 없다. 당신은 계속 당신 자신이면 된다. 하지만 좀더 능수 능란하고, 좀더 기민하며, 좀더 성공적인 당신이 되어야 한다.
- 그 법칙들은 배우기 어려운가? 그렇지 않다. 1~2주일이면 배울 수 있다. 하지만 그 법칙들을 정말로 마스터하려면 많은 시간이 필요하다. 그러나 우리는 늘 배우면서 살고 있으며, 하나의 법칙이라도 연습하는 것이 전혀 하지 않는 것보다 낫다.
- 그 법칙들을 실행하고 있다는 사실을 남들이 알아차리기 쉬운가? 때로는 그렇다. 그러나 훌륭한 '법칙의 선수들' 은 자신이 무엇을 하고 있는지 결코 당신이 알아차리지 못하도록 할 것이다. 진짜 선수들이기 때문이다. 하지만 일단 '법칙의 선수' 가 되고 나면 당신 역시 사람들이 어떤 특정한 때에 어떤 법칙을 사용하고 있는지 훨씬 쉽게 알아차릴 수 있게 된다.
- 그 효과를 내가 당장 느낄 수 있을까? 물론이다. 즉시 느낄 수 있다.
- 나는 여전히 그 법칙들을 실행하고 있는가? 나라면 처음부터 아예 법칙을 실행하고 있다는 점을 인정하지 않을 것이다. 결국 나도 '법칙의 선수' 이기 때문이다.
- 법칙을 사용하는 것은 과연 윤리적인 것일까? 그렇다. 당신이 잘못하고 있는 것은 아무것도 없다. 단지 타고난 스킬과 재능을 활용하고, 그것들을 의식적으로 사용하며 순응할 뿐이다. 당신의 모든 행동은 미리 결정될 것이다. 그럼에도 불구하고 당신은 여전히 무의식중에 행동하는 것처럼 보일 것이다. 이 역시 당신이 결정한 일이다. 하지만

당신은 어떤 상황이든 의식적으로 조종하는 사람이 될 것이다. 무의식중에 희생당하는 사람은 되지 않을 것이다. 당신은 깨어 있는 의식으로 매순간 자신의 능력을 이용하며 살아가게 될 것이다. 가장 중요한 것은 자신이 맡은 일을 해낼 능력이 있어야 한다는 것이다. 그것도 아주 잘할 수 있어야 하며, 바로 이 점이 첫번째가 되어야 한다. 이 법칙들은 사기꾼이나 거짓말쟁이, 허풍선이를 위한 것이 아니다. 당신은 지금 열심히 일하고 있다고 생각하는가? 그건 사실 법칙을 성공적으로 실천하는 것에 비하면 아무것도 아니다. 법칙을 실행하는 데에는 정말이지 큰 노력이 필요하기 때문이다.

이제 현실을 직시하자. 당신은 일하는 것을 매우 좋아한다. 특히 자신의 일을 정말 좋아한다. 당신은 이 법칙들을 알고 싶어해야 하며, 성공해서 정상에 도달하기를 원해야 한다. 내가 말하고자 하는 바는 당신이 하고 있는 일의 모든 영역에 관해 의식적으로 생각하고, 다음의 2가지를 개선하기 위해 변화를 꾀하라는 것이다.

- 당신이 그 일을 하는 방법
- 당신이 그 일을 하고 있는 것에 대해 사람들이 인식하는 방법

굳이 '법칙들'을 실천하지 않더라도 당신은 그럭저럭 해 나갈 수 있을 것이다. 자신이 찾고자 하는 것이 무엇인지 알아낼 수도 있을 것이다. 어쩌면 당신은 이미 본능적이고도 직관적으로 이 법칙들을 많이 알고 있을지도, 또 실천하고 있을지도 모른다. 이제 우리는 그 법칙들을 의식적으로 실행하게 될 것이다. 그리고 그렇게만 한다면 당신은 다음과 같은 상황을 맞게 될 것이다.

- 승진한다.
- 동료들과 더 잘 지낸다.
- 자신에 관해 더 기분 좋게 느낀다.
- 자신의 일을 좀더 즐겁게 한다.
- 자신의 일을 좀더 잘 이해한다.
- 상관의 관점을 좀더 잘 이해한다.
- 자신과 일에 대해 좀더 자신감을 갖는다.
- 부하 직원들에게 모범이 된다.
- 회사에 좀더 많은 기여를 한다.
- 자신의 가치를 인정받고 존경받는다.
- 주변에 호의와 협력의 분위기가 조성된다.
- 자신의 사업을 시작하기 위해 회사를 떠나더라도 성공한다.

이 법칙들은 간단하고 효과적이며, 안전하고 현실적이다. 이 법칙들은 자신감을 쌓고, 좀더 새롭고 강력한 자신을 창조해 내기 위한 당신만의 10단계이다. 도덕적으로나 윤리적으로 새로운 자신을 창조해 내는 것이다. 당신은 남들이 당신에게 예상하지 않는 일이나 좋게 생각하지 않을 만한 일은 그 어떤 것도 하지 않게 될 것이다. 이 법칙들은 개인적인 수준을 높여 주고, 당신의 원칙을 고상하게 만들어 줄 것이다. 이 법칙들은 내가 당신에게 주는 선물이다. 이제 당신 것이다. 이 법칙들을 안전하게 지키고, 비밀스럽게 간직하라.

RULE 법칙 1

자신의 일을
완벽하게 하라

이 법칙은 나머지 모든 법칙을 지배하는 바탕이자 중심이 되는 법칙이다. 이는 즉, 자신의 일을 잘 알고, 아주 잘 해내며, 같은 일을 하는 다른 어떤 사람보다도 잘하라는 것이다. 이 법칙은 매우 간단하다. 비결은 당신이 그 일을 잘 해내기 위해 얼마나 열심히 일해야 하는지 절대 아무에게도 알리지 않는 것이다. 당신이 지금 무언가를 배우고 있다면 그것을 개인적인 일로서 비밀스럽게 진행하라. 그 사실을 사람들에게 누설하지 마라. 공부하고 있다는 사실을 아무에게도 알리지 마라. 그리고, 당신이 이 책을 읽었다는 사실을 절대 아무에게도 말하지 마라. 이 책은 당신의 비밀스런 바이블이다. 중요한 것은 당신이 차분하고 능률적인 사람, 모든 면에서 최고이자 완전한 자제력을 갖춘 사람으로 보이는 것이다. 당신은 일상적인 업무를 매우 쉽고 자신감 있게 물 흐르듯이 처리해 나간다. 당신은 쉽게 흥분하지 않는 사람이지만, 동시에 막을 수 없는 사람이다. 그러나 무엇보다도 가장 중요한 것은 당신이 자신의 기본 업무를 정말 잘해야 한다는 점이다.

1.1 자신의 일을 눈에 띄게 하라

정신없이 분주한 사무실에서 당신이 하는 일은 사람들의 주목을 받지 못하기가 십상이다. 당신은 지금 몸이 부서져라 열심히 일하고 있지만, 그런 와중에도 자신의 개인적 지위를 향상시키고 위신을 세우기 위해 자신의 업무에 특별한 노력을 쏟을 필요가 있다는 점을 늘 명심하기란 쉽지 않은 일이다. 하지만 이것은 매우 중요한 사항이다. 당신을 남들보다 돋보이도록 하고, 당신의 승진 가능성을 실현시키기 위해서는 무언가 눈에 띄는 당신만의 흔적을 만들어 내야 하는 것이다.

가장 좋은 방법은 평범한 작업 일상에서 벗어나는 것이다. 만일 당신이 회사에서 매일 이런 저런 일들을 끊임없이 처리해야 하고 다른 사람들 역시 마찬가지라면, 남들보다 더 많은 일을 처리한다는 것은 당신에게 그다지 큰 이득이 되지 못한다. 그러나 만일 상사에게 전 직원이 더 많은 제품을 처리할 수 있는 방법에 관한 보고서를 제출한다면 당신은 눈에 띄게 될 것이다. 요청받지도 않은 보고서를 제출하는 행위는 군계일학이 되는 지혜로운 방법이다. 이를 통해 자신이 머리 회전도 빠르고 독창적이라는 사실을 증명해 보일 수 있게 되는 것이다. 그러나 이 방법을 너무 자주 사용하면 안 된다. 상사에게 요청받지도 않은 보고서를 계속해서 제출한다면 눈에는 띄겠지만, 완전히 잘못된 방향으로 눈에 띄게 될 것이다. 당신은 아래와 같은 특정한 법칙들을 지켜야 한다.

- 보고서는 가끔씩만 제출하라.

- 보고서가 반드시 효과가 있는 것이 되도록 만들어야 한다. 다시 말해서, 그 보고서가 효과를 발휘하고 이익을 창출해 내야 한다.
- 반드시 눈에 띄는 곳에 당신의 이름을 적어라.
- 그 보고서를 당신의 상사뿐 아니라 그 상사의 상사까지도 보도록 만들어라.
- 반드시 보고서 형식이어야 하는 것은 아니다. 그것은 사보(社報)에 실리는 기사 형태가 될 수도 있다.

당신의 일이 눈에 띄도록 만드는 가장 좋은 방법은 물론 일을 진짜 잘하는 것이다. 이를 위한 가장 좋은 방법은 헌신적으로 일하는 것, 그 외의 나머지는 모두 무시해 버리는 것이다. 일이라는 미명하에 개인 이익 챙기기와 뒷공론, 속임수, 시간 낭비, 사교(社交)가 지속적으로 엄청나게 발생하고 있다. 이것은 일이 아니다. 방심하지만 않는다면 당신은 동료들보다 훨씬 우위에 서게 된다. 법칙의 선수들은 항상 집중하고 있다. 현재 맡고 있는 일에 계속 정신을 집중시켜라. 당신의 일을 능숙하게 잘하라는 얘기이다. 그리고 주의를 흐트러뜨리지 말아야 한다는 점을 명심하라.

> "요청받지도 않은 보고서를 제출하는 행위는
> 군계일학이 되는 지혜로운 방법이다."

1.2 결코 가만히 있지 마라

대부분의 사람들이 매일 단 하나의 생각을 하며 출근한다. 퇴근 시각을 기다리는 것이다. 하루를 보내는 동안 그들은 무엇이 되었든 자신이 해야 할 일을 할 것이다. 마법과 같은 황홀한 퇴근 시각을 기다리며. 그러나 당신은 그렇지 않다. 당신은 결코 가만히 있지 않을 것이다. 대부분의 사람들은 자신이 맡은 일이 있으니 그 일만 하고 나면 아무것도 하지 않고 있어도 괜찮다고 생각하는 것 같다. 그러나 당신은 주어진 일만 하는 것으로는 충분하지 않다. 그것은 단지 목표를 위한 수단에 불과하기 때문이다. 당신의 목표는 승진과 더 많은 급여, 성공, 출세, 보다 폭넓은 인간관계, 그리고 자립을 위한 경험의 축적이다. 당신의 희망 목록에 있는 모든 것이 목표이다('법칙 3'). 어떤 의미에서 보면 현재 맡고 있는 일은 이와는 전혀 관계가 없다고도 할 수 있다.

그렇다. 당신은 그 일을 해야 한다. 그것도 아주 탁월하게 해내야 한다. 그리고 당신은 이미 그 다음 단계를 눈여겨보고 있어야 한다. 당신의 모든 사내 활동은 승진을 위해 세워 놓은 '계획'이라는 톱니바퀴의 수많은 이 중 하나에 불과해야 한다.

사람들이 일은 하지 않으면서 휴식 시간을 기다리거나 오후 시간을 어떻게 때우며 보낼까 생각하는 동안 당신은 다음 작전을 계획하고 실행하느라 분주할 것이다. 이상적인 세계에서라면 '법칙의 선수'는 점심 시간까지 맡은 일을 다 마치고 오후 시간은 자유롭게 보낼 것이다. 승진을 위해 공부를 한다든지, 가까운 동료들 중 경쟁 상대를 평가한다든지, 요청받지 않은 보고서를 작성해서 눈에 띄도록 한다든지, 모든 사람들을 위한 작업 절차 개선 방법을 연구한다든지, 회사의 현 상황이나 역사에 관한 지식을 더 늘린다든지 하는 활동을 할 것이다.

점심 시간까지 맡은 일을 끝마치지 못한다면 당신은 위에 언급한 모두를 업무 사이사이에 끼워서라도 해야 할 것이다. 경쟁자들은 그렇게 하지 않고 있을 것이다. 하지만 당신은 잠시도 가만히 있어서는 안 된다. 주어진 일만 다 하면 된다는 식의 생각은 즉시 버려라. 그런 생각은 남들을 위한 것이다. 당신은 준비하고, 연구하고, 분석하고, 배우느라 계속 움직이고 있어야 한다.

앞서 매니저의 걸음걸이에 관해 이야기한 적이 있다. 그것이 당신이 할 일이다. 매니저의 걸음걸이를 연습하는 것이다. 마스터할 필요가 있는 걸음걸이라면 그것이 누구의 것이 되었건 간에 그 걸음걸이를 연습하라. 당신이 원하는 것은 무엇이든 톱니바퀴 한 칸의 움직임으로 여겨야 한다. 원하는 것이 예를 들어 승진이라면 당신은 계속 움직여야 할 것이다. 구르지 않는 돌에는 이끼가 끼듯, 움직이지 않는다면 발전도 없을 것이다. 당신은 움직이기를 좋아해야 한다. 그러지 않을 경우 한 곳에 너무 오래 머문 나머지 당신은 그 자리에서 뿌리를 내리게 될지도 모른다.

움직이려면 결코 자리에 엉덩이를 붙이고 앉으면 안 된다. 그렇게 자리에 앉아 아무것도 하지 않아서는 안 된다. 결코 가만히 있지 마라.

> "이상적인 세계에서라면 '법칙의 선수' 는
> 점심 시간까지 맡은 일을 다 마치고
> 오후 시간은 자유롭게 보낼 것이다."

1.3 신중하게 자원하라

모든 일에 'yes'라고 말하면 남들보다 돋보이고, 칭찬받고, 승진도 하게 될 거라고 생각하는 사람이 많다. 하지만 사실이 아니다. 영리한 상사라면 "제가 그 일을 맡겠습니다."라는 그 정신을 이용할 것이고, 그는 결국 과로하게 되어 자신의 가치를 하락시키고 혹사당하게 될 것이다. 어떤 일에든 자원(自願)하고자 손을 들기 전에 매우 신중하게 생각해 보아야 한다. 다음과 같은 여러 가지를 자문해 보자.

- 이 사람은 왜 자원자를 구하는가?
- 이것이 나의 계획을 어떻게 더욱 심화시켜 줄 것인가?
- 자원한다면 고위급 경영자들에게 어떻게 보일까?
- 자원하지 않는다면 어떻게 보일까?
- 이 일은 아무도 하고 싶어하지 않는 3D에 해당하는 일인가?
- 이 사람은 정말 나의 도움이 절실하게 필요한 것인가?

그 일은 정말 아무도 원치 않는 3D에 해당하는 힘든 일일 수도 있다. 따라서 자원을 한다면 고위급 경영자들의 눈에 매우 훌륭하게 비칠 수도 있다. 그들은 당신을 도전적이고 쓸모 있으며, 준비성이 철저해 어떤 일에든 소매를 걷어붙이고 끈질기게 매달릴 사람으로 생각할 것이다. 그러나 반면에 당신을 멍청이로 생각할 수도 있다. 만일 '파일 정리'에 자원한다면 당신을 그저 파일을 정리하는 사원 정도로 취급할 수도 있다. 혹은 진정으로 도움이 필요한 누군가를 돕기 위해 당신은 큰맘 먹고 선의를 발휘할 수도 있다. 어쨌든 신중한 태도로 자원을 선택하라. 당신이 멍청이로 보이게 될 일이라면 자원해 봐야 아무 소용도 없다. 당신이 훌륭하게 보일 수 있다거나, 이득을 볼 수 있다거나, 도움이 필요한 사람에게 무언가 진짜 도움이 될 것이라는 확신이 들 때에만 손을 들어 자원하라.

또한 손을 들거나 앞으로 나서지도 않았는데 당신이 자원한 것처럼 보일 때도 있다는 사실을 알아야 한다. 가끔씩은 동료들이 집단으로 뒷걸음치는 바람에 당신만 휑하니 남아 의도하지 않았음에도 마치 자원한 것처럼 되어 버리는 경우가 생긴다. 이런 일이 처음이라면 그 상황에 순응하여 주어진 일을 해야 할 것이다. 그러나 다시는 그런 일이 일어나지 않도록 주의하라. 법칙의 선수에게는 그런 일이 반복될 수 없다. 다음번에는 좀더 귀를 쫑긋 세우고 동료들의 집단적 접근 방식이 어떤 것인지 알아보라. 그리고 반드시 당신도 그들과 함께 뒷걸음치도록 하라.

> "어떤 일에든 자원하고자 손을 들기 전에
> 매우 신중하게 생각해 보아야 한다."

자신만의
특수 분야를 개척하라

예전에 어떤 동료와 함께 일한 적이 있었다. 그는 고객에 관한 일을 찾아내는 능력을 훌륭한 개인적 기술로 개발해 낸 인물이었다. 우리로서는 찾아낼 수 없는 것들이었기 때문에 그 기술은 매우 특별했다. 그는 항상 고객의 자녀들 이름을 기억하고 있었으며, 고객들이 어디서 휴가를 보내는지도 기억하고 있었다. 고객이나 배우자의 생일, 그들이 가장 좋아하는 음악과 식당까지도 기억하고 있었다. 특정 고객을 상대해야 할 경우가 생기면 사람들은 그에게 가서 매우 정중하고 겸손한 태도로 고객에 관한 정보를 부탁해야 했다. 그 고객과 자연스럽게 일하기 위해서였다. 그는 자신만의 특수 분야를 개척해 낸 것이었다. 그에게 고객이 무엇을 좋아하고 싫어하는지 잘 아는 '인간 백과사전' 이 되라고 시킨 사람은 아무도 없었다. 그가 맡은 일의 일부도 아니었다. 그렇게 되기까지에는 많은 작업과 보이지 않는 노력이 필요했다. 그것은 매우 귀중한 자산이었다. 지역 총책임자가 그 특별한 노력에 관한 소문을 듣는 데는 그리 오랜 시간이 걸리지 않았고, 결국 그는 전례 없는 고속 승진을 하게 되었다. 그것이 고속 승진에 필요한 전부였다. 나는 간단하게 '전부' 라고 말하지만 사실 그는 그렇게 되기 위해 많은 노력을 투자했으며, 또한 엄청나게 영리하기도 했다.

특수 분야를 개척한다는 것은 아직 누구도 알아차리지 못한 유용한 분야를 찾아내는 것을 의미한다. 그것은 스프레드시트나 보고서 작성에 탁월하다는 식으로 아주 간단한 것일 수도 있다. 또는 위에 언급했던 옛 동료처럼 다른 누구도 알지 못하는 중요한 정보를 아는 것일 수도 있다. 업무 일지나 예산안 작성에 뛰어난 것이 될 수도 있고, 시스템 파악에 능숙하다는 것일 수도 있다. 그러나 그 일이 피하지 못할 당신의 의무가 되도록 하지는 마라. 그러지 않으면 이 법칙은 반대 결과를 낳게 될 것이다.

자신만의 특수 분야를 개척하려면 대개의 경우, 일반적인 사무실 내의 활동 범주에서 벗어나야 한다. 당신은 이리저리 돌아다니게 되며, 어디에서 무엇을 하고 있는지 누구에게도 설명할 필요 없이 사무실 밖으로 나가는 경우가 더 많아진다. 이렇게 하면 당신은 무리에서 돋보이게 되며, 독립성과 더불어 남보다 뛰어난 자질을 갖추게 된다. 예전에 나는 회사의 뉴스레터를 편집하겠다고 자원한 적이 있었다. 앞서 나왔던 법칙을 염두에 두고 한 자원이었다. 이 때문에 나는 우리 지부 일곱 곳을 마음대로 돌아다닐 수 있었다. 그러나 나는 반드시 제시간에 내 일을 완벽하게 끝내놓곤 했다.

자신만의 특수 분야를 개척하게 되면 대개 직속 상사 외에 다른 사람들의 눈에도 띄게 된다. 말하자면 다른 상사들의 눈에도 드는 것이다. 상사들끼리 모여 이야기를 나누다가 당신 이름이 거론된다면 분명 좋은 평가가 오갈 것이다. "내가 보니까 리치는 정통적인 시장 분석을 하느라 계속 분주하더군." 하는 식의 이야기가 나올 것이다. 이렇게 되면 당신 상사는 당신을 승진시키지 않을 수 없게 된다. 상사들끼리의 그룹에서 인정받고 싶다는 이유 때문이다. 다른 상사들이 당신 아이디어가 훌륭하다고 생각한다면 당신의 상사 역시 그 생각을 따를 수밖에 없게 되는 것이다.

"다른 상사들이 당신 아이디어가 훌륭하다고 생각한다면
당신의 상사 역시 그 생각을 따를 수밖에 없게 된다."

1.5 약속은 적게, 결과는 기대에 넘치게

수요일까지 일을 마칠 수 있다고 생각되면 항상 금요일이라고 말하라. 당신 부서에서 일주일이 걸릴 일로 생각되면 2주일이 걸리겠다고 말하라. 새로운 기계의 설치 및 운영에 두 사람이 더 필요하면 세 사람이 필요하다고 말하라. 이것은 부정직한 것이 아니다. 단지 신중한 것일 뿐이다. 당신이 이렇게 한다는 사실이 알려지게 되면 공개적으로 솔직하게 사실을 인정하고, 당신은 늘 뜻밖의 사고가 일어날 가능성을 계산에 넣는다고 설명하라. 이것 때문에 당신을 죽이지는 않을 것이다.

이것이 첫번째이다. 약속을 적게 하는 것 말이다. 하지만 당신이 금요일이라고 말했건 2주일이라고 말했건 간에, 여유를 두었다고 해서 힘들이지 않고 일해도 된다거나 그 여유분을 다 써 버려도 되는 건 아니다. 절대 아니다. 당신은 반드시 그 일을 예산에 맞추어 약속보다 일찍, 약속한 것보다 더 훌륭하게 해내야 한다. 이것이 두 번째 부분이다. 기대에 넘치는 결과를 만들어 내는 것이다. 예를 들어 설명해 보자. 당신이 보고서를 월요일까지 끝내겠다고 약속했다면 우선 보고서를 끝마쳐야 한다. 하지만 그것은 단순한 보고서가 아니라 새로운 전제(前提)를 위한 완전한 실행 계획안을 포함한 것이어야 한다. 또는, 일요일 밤까지 전시장을 설치하여 운영할 수 있도록 하는 데 두 사람의 추가 인원만으로 충분하다고 말함으로써 당신은 주요 경쟁자가 전시회에서 손을 떼도록 만들 수 있다. 만일 당신이 다음 회의 때까지 새로운 회사의 브로슈어에 대한 대략적인 제안서를 작성하겠다고 말했다면, 그저 제안서 작성으로만 끝내서는 안 된다. 실물 크기의 총천연색 모형을 만들어야 하고, 완성된 텍스트를 작성해야 하며, 교정도 끝내야 하고, 모든 사진 자료를 첨부하여 비용과 견적에 대한 내용을 사람들에게 나누어 줄 프린트로 만들어 놓아야 한다. 하지만 반드시 도가 지나치지 않도록 하고, 자신에게 주어지지 않은 책임까지 떠맡지 않도록 조심해야 한다. 내가 무슨 말을 하는지 잘 이해할 것으로 믿는다. 다시 한번 말하자면, 명확한 내용을 전달하고자 하는 것은 좋지만 지나쳐서는 안 된다. 그렇게 되면 당신의 상관은 앞으로도 그런 수준을 기대하게 될 것이기 때문이다. 그것은 유쾌한 깜짝 쇼가 되어야 한다. 너무 자주 사용되는 전술이 되어서는 안 되는 것이다.

때로는 어리석게 행동하는 것도 도움이 될 수 있다. 어떤 새로운 기술이나 소프트웨어를 아주 잘 알고 있으면서도 이해하지 못하는 체하는 것이다. 그런 다음 다른 누구도 할 수 없는 스프레드시트상의 모든 예산안 작성을 갑자기 해낸다면 당신은 정말 훌륭해 보일 것이다. 만일 당신이 미리 "아, 네. 잘 알고 있습니다. 전에 다니던 직장에서 이런 작업을 해보았거든요."라고 말한다면 유쾌한 깜짝 쇼가 되기는커녕 그 게임을 포기하는 것이 된다. 당신의 이점을 내다 버리는 꼴이 되는 것이다.

약속은 적게 하고 결과는 기대보다 넘치게 만들되 최종안을 가지고 있어야 한다. 법칙의 선수인 당신은 결코 납기보다 늦거나 기대보다 못한 결과를 만들어서는 안 된다. 그 일을 해내기 위해 피땀을 흘려야 하고 밤을 새워야 한다면 그렇게 하라. 당신이 약속한 시간 내에 일을 마치게 되거나 혹은 더 일찍 해내게 될 것이다. 긴 납기를 잡기 위해 협상하는 것이 누군가를 실망시키는 것보다 훨씬 낫다. 남들에게 인정받거나 칭찬받고자 처음 제시되는 납기를 그대로 받아들이는 사람들이 많다. "네, 그렇게 해 드릴 수 있습니다." 그리고는 결국 실패한다. 처음에는 잘 속아 넘어가는 사람처럼 보이고, 마지막에는 무능한 사람으로 보이게 되는 것이다.

1.6 남들이 모르는 중요한 정보를 소유하라

한때 스티브라는 친구와 함께 일한 적이 있었다. 그는 아마도 다른 직원들 정도의 프랑스어 실력을 갖추고 있었던 것 같다. 하지만 그는 그것을 '남들이 가지지 않은 중요한 능력' 을 갖출 기회로 여겼다. 스티브는 매일 저녁 학원에 다녔고, 해마다 휴가를 프랑스로 갔으며, 프랑스어 테이프를 듣고 프랑스어 소설을 읽었다. 얼마 지나지 않아 그의 프랑스어 실력은 매우 유창하고 훌륭해졌다. 그는 우리 회사가 유럽으로 진출하게 될 것과 자신의 프랑스어 실력이 매우 귀중한 자산이 될 것임을 정확히 예견하고 있었다. 남들이 모르는 어떤 중요한 것을 알고 있으면 당신은 남들보다 우위에 서게 되는 것이다. 당신이 지금 찾고 있는 것이 바로 이 '우위' 이다. 스티브는 이것을 프랑스어 실력을 키우는 것으로 실천했다. 프랑스어를 이용해 자신만의 특수 분야를 개척해 낸 것이다. 하지만 우리는 기술, 재능, 전문성, 적성, 예리한 육감으로도 이것을 해낼 수 있다.

첫째, 당신은 자신의 재능을 찾아내야 한다. 이것은 '법칙 3.7: 자신의 강점과 약점을 파악하라' 에서 다룰 것이다. 그런 다음 당신은 그 전문 지식이 어느 부문에서 유용하게 쓰일 수 있을지 판단해야 한다. 당신은 어쩌면 컴퓨터나 그 밖에 다른 기술의 대가일 수도 있다. 매우 창의적이고, 남들이 잘 모르는 유용한 상식을 많이 알고 있을 수도 있다. 인쇄 사업에 대해 안팎으로 매우 잘 아는 친구가 있다. 인쇄 작업이 필요할 때면 상사들은 언제나 그녀에게로 달려간다. 이것이 바로 그녀의 강점인 것이다.

재정에 관해서는 어떤가? 혹 당신에게 신문이나 잡지의 비즈니스 면을 남들에게 설명해 줄 수 있는 능력이 있지는 않는가? 예산 파악에 탁월한 사람이 되는 건 어떨까? 아니면 미래 파악은? 소프트웨어 설치? 계약서? 직원들 문제? 노동조합법? 건강과 안전? 외국의 관습과 사업 관례? 외화 환전? 보디랭귀지? 팀 구축? 회의에서 사회를 잘 보는 재능? 자, 당신도 이런 것들 중 어느 것이든 해야 한다. 훌륭한 내 아이디어를 전부 여러분에게 제공하지는 않겠다.

당신의 결정이 어떤 것이건 간에 그것은 반드시 다음과 같은 성격을 지녀야 한다.

- 관련성이 있어야 한다.
- 이슈가 될 수 있어야 한다.
- 흥미로워야 한다.

당신의 도움이 필요할 때, 사람들은 이런 식으로 당신에게 오게 될 것이다. 그들이 모르는 어떤 중요한 것을 알고 있다면 당신은 단순한 직원이 아닌 컨설턴트가 된다. 당신의 상사가 그것을 필요로 하게 된다면 결과는 분명 훨씬 더 좋아질 것이다.

예전에 함께 일했던 어떤 동료는 그 지방 밤거리의 유흥 생활을 우리보다 잘 파악하는 것을 자신의 업무로 삼았다. 식당, 나이트클럽, 극장, 그런 것들에 관한 정보들이었다. 처음에는 그런 것이 업무와 무슨 관련이 있을지 의아했지만, 사업차 다른 지방에서 온 고객들이 잠시 머물게 되자 그는 확실히 두각을 나타내기 시작했다. 밤에 고객들을 데리고 나가 관광시켜 주도록 누구를 부르겠는가? 누가 그들의 호감을 사 저녁 만찬 파티에 불려 가겠는가? 답은 뻔했다. 게다가 가끔씩 상사들과 어울려 시간을 보내던 그는 얼마 지나지 않아 그 자신 역시 상사가 되었다.

1.7 100% 헌신하라

'법칙의 선수'가 된다는 것은 다른 어떤 동료보다도 훨씬 더 열심히 일해야 한다는 사실을 의미한다. 동료들은 타성에 젖어 힘들이지 않고 일할 수 있지만, 당신은 그럴 수 없다. 그들은 느긋하게 지내면서 발을 책상 위에 얹고 쉴 여유가 있지만, 당신은 그렇지 못하다. 성공하고 싶다면, 출세하고 싶다면 100% 헌신해야 한다. 당신은 장기 목표에서 잠시도 눈을 뗄 여유가 없다. 당신에게는 쉴 시간이나 중단의 시간, 빈둥거릴 시간, 오류나 실수, 각본으로부터의 우발적인 일탈 따위는 있을 수 없다.

당신은 범죄 조직의 보스처럼 되어야 한다. 그들은 신기할 정도로 법을 잘 지킨다. 사소한 범죄로 사람들의 주목을 받았다가는 정말 큰 범죄들이 드러날 수도 있기 때문이다. 따라서 당신은 말과 행동을 조심해야 한다.

만일 이런 것 중 어느 하나라도 지나쳐 보인다면 지금 당장 '법칙 선수단'에서 탈퇴하라. 내가 이 팀의 멤버로 원하는 사람은 열성적인 법칙의 선수들뿐이다. 이 팀의 일원이 되고 싶다면 당신은 혈서라도 써야 할 것이다. 당신은 조심스럽고, 헌신적이고, 주의 깊고, 예리하고, 준비성 있고, 각오가 굳고, 신중하고, 조심성 있고, 빈틈없어야 한다. 매우 어려운 주문이다.

하지만 과연 그렇게 할 만한 가치가 있을까? 장담하건대 당신은 장님 나라에서 두 눈 뜨고 볼 수 있는 유일한 사람이 될 것이다. 당신은 강력해질 것이다. 그리고 가장 중요한 것은 당신이 그것을 즐기게 된다는 점이다. 나를 중심으로 돌아가는 게임, 하지만 나는 그 게임에 참여하지 않아 완전히 객관적이고 초연할 수 있는 것보다 더 흥분되는 일은 없을 것이다.

일단 법칙들을 지키기 시작하면 당신은 그다지 많은 일을 할 필요가 없다는 사실을 깨닫게 될 것이다. 사람들이 방향을 바꾸도록 세게 밀 필요가 없다. 그저 옆구리를 살짝만 콕 찔러도 될 것이다. 당신의 카드 패 돌리는 솜씨는 믿을 수 없을 만큼 섬세하고 차분해진다.

당신은 정말 100% 헌신적이어야 한다. 헌신성 없이 이를 시도한다면 준비 부족으로 나가떨어지게 될 것이며, 침착하고 자제력 있어 보이기는 커녕 멍청하게 보일 위험마저 있다. 그러나 완벽한 헌신의 진정한 매력은 당신이 결정할 것이 더 이상은 아무것도 없게 된다는 점에 있다. 당신은 자신의 길을 정확히 알고 있으므로 어떤 상황과 만나더라도 '이것이 내 법칙의 경기를 더 심화시켜 줄 것인가, 그렇지 않을 것인가?' 만 자문하면 된다. 그러면 당신을 위한 결정은 이미 내려져 있을 것이다. 아주 쉽다.

> "당신은 조심스럽고, 헌신적이고, 주의 깊고,
> 예리하고, 준비성 있고, 각오가 굳고, 신중하고,
> 조심성 있고, 빈틈없어야 한다."

1.8 지금 하고 있는 일을 즐겨라

지금 일이 즐겁지 않다고? 그렇다면 당신은 도대체 지금 무얼 하고 있단 말인가? 만일 당신의 일에 오락적 가치가 없다면 그 일을 하는 건 정말 아무 소용없는 짓이다. 그 일을 그만두더라도 살아갈 정도의 실업 수당은 받을 수 있을 것이다. 자신의 일을 즐겁게 하고 있으면서도 그 사실을 인정하기를 두려워하는 사람도 많다고 생각한다. '일 벌레'라는 말을 듣거나 슬픔을 이기기 위해 일만 한다는 등의 좋지 않은 소리를 듣기 싫은 것이다.

자신의 일이 즐겁다고 말하는 것은 전혀 부끄러운 일이 아니다. 그러나 직장 생활에서 비참해 보이거나 자신의 상황에 한탄할 때 무언가 위신이 서는 것처럼 보이는 면이 있는 것 같다. 사무실에는 일종의 서열이 있는데, 이 서열에서 앞서려면 자신의 일을 얼마나 싫어하는지에 대해 남보다 더 많이 한탄해야 한다.

이것은 당신에게는 해당 사항이 없다. 법칙의 선수들은 자신의 일을 즐겁게 하고, 또 이 사실을 반드시 사람들에게 알린다. 일단 자신의 일이 재미있다고 인정하고 나면, 다른 누구보다도 자신이 그 일을 가장 즐기고 있음을 인정하고 나면 당신의 스트레스 지수는 낮아지고 표정도 밝아진다. 일이 재미있다고 인정함으로써 당신은 성공한 사람들만의 비법을 약간 노출시키는 것이 된다. 일은 재미있다. 이것을 당신의 마음속에 새겨두어라.

직장에서 즐겁게 지내는 것과 일이 즐겁다고 깨닫는 것은 같지 않다.

일이 즐겁다는 것은 자신이 하는 일에 자부심을 갖고, 도전을 즐겁게 받아들이며, 낙관적인 태도와 열정으로 매일을 기다리는 것이다. 그러나 직장에서 즐겁게 지낸다는 것은 일은 많이 하지 않으면서 수다를 늘어놓고, 동료들이 일을 못하도록 하고, 오후 내내 샴페인을 마시는 것을 의미한다. 이 2가지 사이에는 분명 당신도 인정할 만한 차이점이 있다. 직장에서 즐겁게 지내는 것은 일시적이다. 그 재미가 지속되는 동안에만 즐거움이 계속되다가 일단 흥분이 가라앉으면 금세 시들해지는 것이다.

일이 즐겁다고 생각하는 것은 협상, 고용과 해고, 매일 매일의 도전, 스트레스와 실망, 불확실한 미래, 사람의 근성에 대한 시험, 새로운 학습 곡선 등을 즐기는 것을 의미한다. 퇴직 후 1년도 지나지 않아 사망하는 사람이 놀라울 정도로 많다. 이는 일이 우리의 생존에 생각보다 더 중요한 역할을 맡고 있음을 시사하는 것이다.

만일 즐겁게 일하고 있지도 못하고, 일이란 즐길 만한 것이라고 인정할 수도 없다면 당신은 결국 한탄하는 사람들 중 하나가 될 것이다. 즉, 인생의 희생자 가운데 하나가 된다는 말이다.

> "자신의 일이 즐겁다고 말하는 것은
> 전혀 부끄러운 일이 아니다."

올바른 태도를 개발하라

직장에는 '우리와 그들' 이라는 태도를 지닌 사람들이 많다. 이런 사람들은 '근로자들' 편을 들면서 '경영자들' 에 대해 불평을 늘어놓는다. 그러나 당신은 올바른 태도를 개발해야 한다. '우리들' 이라는 심리를 가진 사람들 중 하나가 되어서는 안 되는 것이다. 현재 직위와는 상관없이 당신은 그 부서의 차기 책임자이며, 이사회의 미래 회장이고, 경영이사의 새싹이다. 어떤 상황에 처해 있건 간에 당신은 그 양면을 모두 보기 시작해야 하며, '그들' 의 입장을 알아야 한다. 말로 표현하지 않아도 좋다. 공개적으로는 동료 근로자들의 편에 선 것처럼 보여야 할지도 모른다. 그러나 마음속 깊은 곳에서는 '그들' 을 이해하고 편들어야 한다. 이 점을 절대 잊지 마라. 동료들은 경영자들의 정책을 불평할 수 있지만, 당신은 그것을 분석하고 경영자들의 관점에서 보고자 노력해야 한다. 동료들과 잘 어울리기 위해 불평하는 근로자들 중 하나로 위장하고 싶을 수도 있다. 하지만 그건 현명한 태도가 아니다. 그들의 의견에 동의하는 것처럼 고개를 끄덕이는 건 몰라도 당신 입으로 불평하지는 마라.

올바른 태도는 다음의 2가지이다.

- 첫째, 경영자들의 편에 서서 정책 결정을 그들의 관점으로 보라.
- 둘째, 완전하고 헌신적인 법칙의 선수가 되는 데 몰두하라. 즉, 넘버원을 경계하라. 그게 바로 당신이다.

올바른 태도란 최선을 다하는 것이다. 오늘만이 아니라 매일 매일 그래야 한다. 일이 수월할 때만이 아니라 코피가 나도록 힘들 때도 마찬가지이다.

올바른 태도란 한층 더 노력하는 것이다. 피곤하고 짜증스러우며, 일을 그만둘 태세가 되어 있을 때조차도 노력하는 것이다. 다른 사람들은 그만둘 수 있다. 그러나 당신은 그럴 수 없다. 당신은 법칙의 선수이기 때문이다.

올바른 태도란 정면으로 돌파하고, 결코 불평하지 않으며, 항상 긍정적이고 낙관적이며, 끊임없이 우위와 유리한 면을 찾는 것이다.

올바른 태도란 여러 가지 기준을 개발하여 고수하는 것이다. 자신의 기본을 확실히 알고, 멈추어야 할 시기를 정확하게 짚어 내는 것이다. 올바른 태도란 당신에게 엄청난 능력이 있다는 점과, 그 능력을 친절과 자제력과 인간미 넘치는 태도 및 남에 대한 배려로 발휘하게 되리라는 점을 인식하는 것이다. 당신은 그 누구도 낙담시켜서는 안 된다. 무자비하게 굴거나 속임수를 쓰는 사람이 되어서도 안 된다. 그렇다. 다른 사람들의 졸음이나 냉담함, 잘못된 태도를 이용할 수는 있다. 그런 것들은 그들의 문제이기 때문이다. 하지만 당신은 도덕적으로 높은 고지에 서야 하며, 한 올의 흠도 없어야 한다. 올바른 태도란 좋은 사람이면서도 기민하고, 친절한 사람이면서도 주의 깊고, 남을 배려하면서도 성공하는 사람이 되는 것이다.

1.10 당신이 얼마나 열심히 일하는지 절대 아무에게도 알리지 마라

리처드 브랜슨 같은 인물을 보라. 그는 항상 놀면서 풍선을 날리고, 개조한 유람선에서 생활하고, 비행기를 타고 미국에나 왔다갔다하는 것처럼 보인다. 그가 책상에 앉아 전화를 받고 서류 작업을 하는 모습은 결코 볼 수 없다. 그러나 일하는 날 중 어떤 시간에는 해야 할 일을 정확히 한다. 단지 우리가 그걸 보지 못할 뿐이다. 이 때문에 우리는 그를 한량 기업가로 여긴다. 즉, 태평스런 기업가이자 지독한 놀이꾼이라고 생각한다. 이것은 멋진 이미지이며, 동시에 그가 원하는 이미지이기도 하다. 안 될 이유가 뭐가 있겠는가?

이것은 대담한 법칙의 선수들이 갖고자 하는 종류의 이미지이다. 즉, 유쾌하고, 태평하고, 느긋하고, 나른하고, 절제 있고, 매우 침착한 태도의 이미지이다. 당신은 결코 뛰지 말아야 하고, 당황하지도 말아야 한다. 서두르는 것처럼 보여서도 안 된다. 그렇다. 당신은 매일 새벽까지 일할 수도 있지만, 결코 이 사실을 남 앞에서 인정해선 안 된다. 그렇다. 당신은 휴가 기간이나 주말, 비번인 날에도 일할 수 있다. 그러나 결코 그런 사실을 누설하지 마라. 당신이 얼마나 힘들게 일했는지, 얼마나 많은 시간을 투자했는지에 대해 결코 불평하지 마라. 외부 관찰자들에게 당신은 태평하게 쉬어 가며 일하고, 그러면서도 모든 일을 수월하게 해 나가는 사람으로 보여야 한다.

이렇게 되기 위해 당신은 반드시 자신의 일을 정말 잘해야 한다. 그러지 못하면 당신은 이 법칙 시도에 큰 실패를 보게 될 것이다. 만일 당신이 일을 잘하지 못하는 사람이라면 어떻게 해야 할까? 자신의 일을 정말 잘하기 위해 더 노력하라. 배우고, 연구하고, 경험과 지식을 쌓고, 독서하고, 물어보고, 수정하고, 기를 쓰고 공부해서 머리에 쑤셔 넣어라. 자신의 일을 안팎으로 완벽하게 알게 될 때까지. 이것이 첫번째 할 일이다. 그런 다음에야 비로소 당신은 남들에게 여유 있는 태도의 침착하고 느긋한 사람으로 보일 수 있다.

이 법칙에는 다음과 같은 몇 가지 룰이 있다.

- 결코 데드라인 연장을 요청하지 마라.
- 결코 도움을 청하지 마라. 당신의 바닥이 드러났음을 인정하지 마라. 지도, 조언, 정보, 의견 등은 요청할 수 있다. 하지만 결코 도움은 청하지 마라.
- 당신이 얼마나 많은 일을 해야 하는지에 관해 결코 한탄하거나 불평하지 마라.
- 단호해지는 법을 배워라. 그래서 결코 과도하게 일을 맡지 않도록 하라. 이것은 남들에게 당신이 실은 얼마나 힘들게 일하는지를 알리는 것이 아니다. 당신은 과도하게 많은 일을 할 필요가 없다.
- 진땀 흘리며 일하는 모습을 결코 보이지 마라.
- 일의 부담을 줄일 수 있는 방법을 끊임없이 찾아라. 물론 남들이 눈치채지 못하도록 해야 한다. 일을 신속히 처리하는 방법도 함께 찾아보라.

항상 남의 판단을 받고 있다는 점을 명심하라

우리의 모든 면을 보면서 사람들은 많은 것을 판단한다. 옷 입는 방식, 소유한 차종, 휴가 장소, 말하는 태도와 걷는 자세, 점심 메뉴 등 모든 면이 우리를 판단하는 척도가 된다.

'법칙 2'는 그런 타인의 판단이 반드시 긍정적인 것이 되도록 해줄 것이며, 당신의 경력을 향상시켜 줄 것이다. 지금까지 이런 것을 생각해 본 적이 없다면 이 법칙을 통해 남들에게 자신의 여러 가지 면이 어떻게 보이는지 깨닫게 될 것이며, 이를 개선함으로써 어떻게 남들의 주목을 받게 되는지도 알게 될 것이다. 당신은 사람들의 판단을 막을 수 없다. 하지만 그 판단이 바뀌도록 할 수는 있으며, 의식적으로 영향을 미칠 수도 있다. 이 법칙은 당신을 맵시 있고, 자신감 넘치며, 스마트하고, 단정하고, 매우 매력적으로 만들기 위한 것이다.

2.1 옷을 잘 입어라

옷을 잘 입으라는 말은 정확히 말해서 복장을 제대로 갖추라는 의미이다. 복장을 제대로 갖추지 못하거나, 잘 차려입지 못하거나, 한심하게 입거나, 싸구려를 입거나, 부주의하게 입는 데에는 변명의 여지가 없다.

이 법칙은 매우 중요하며, 엄격히 준수되어야 한다. 휴일이라는 상황도, 어떤 변명도, 어머니의 편지도 당신을 구제해 주지 못할 것이다. 복장을 잘 갖추는 것이 가장 눈에 띄게 할 수 있다. 잠시 방심하면 바로 사람들의 기억에 남게 된다. 반면, 이 법칙을 지키지 않아 승진도 못하고, 성공도 못하고, 능력도 없는 상태로 남는 것이 힘은 훨씬 덜 들 것이다. 일단 이 법칙을 지키기 시작하면 당신은 잠시도 긴장을 늦출 수 없기 때문이다.

그렇다면 복장을 잘 갖추어 입는다는 것이 무슨 뜻일까? 말 그대로 잘 갖추어 입는 것이다. 남자에게는 양복, 깃, 넥타이, 반짝이는 구두가, 여자에게는 우아한 투피스 정장, 단정한 블라우스, 정장용 구두일 것이다. 반면, 당신 회사의 복장 규정이 캐주얼 쪽으로 가고 있다면 당신은 어쩌면 이런 정장 차림의 비율을 낮출 필요가 있을지도 모른다('법칙 6.3' 참고). 하지만 그런 경우일지라도 다음과 같은 최소한의 금기 법칙은 여전히 적용된다고 할 수 있다.

- 운동화 금지
- 청바지 금지
- 하와이풍 의류나 기타 화려한 스타일의 셔츠 금지

• 단추를 대신하는 벨크로(일종의 접착 천), 최신식 장신구나 패션, 극단적인 스타일이나 파격적 예술성을 나타낸 스타일 금지

　나는 어떤 젊은이가 직장에 출근하는 모습을 지켜보곤 했다. 그는 효율적이고, 경험이 풍부하며, 똑똑하고, 사람들과 이야기도 잘 나누었다. 뿐만 아니라 믿음직하고 신뢰감 있으며, 정직하고 근면한 데다가 점잖기까지 했다. 그러나 그는 승진을 못하고 있었다. 무슨 이유였을까? 그는 '법칙 2.1'을 지키지 않고 있었던 것이다. 바로 그랬다. 그는 직장 내에서는 복장을 잘 갖추고 있었다. 그러나 문제는 그가 직장에 도착할 때였다. 그는 오토바이를 타고 다녔다. 그것이 뭐 잘못된 건 아니다. 돈도 절약되고, 교통 체증 때문에 고생할 일도 없다. 상당히 칭찬받을 만한 일이긴 했지만, 그것이 바로 그의 발목을 잡고 있었다. 그는 매일 아침 손에 헬멧을 꼭 쥐고, 위아래가 연결된 밝은 오렌지색 오토바이용 복장 그대로 사무실을 지나다녔던 것이다. 다시 한번 말하지만, 이건 정말 아주 잘하는 일이었다. 밝은 복장 덕분에 그의 모습은 안개 낀 아침에도 매우 잘 보였고, 만일 사고가 나더라도 단단히 갖춘 복장으로 인해 안전할 수 있을 것이기 때문이었다. 그러나 이것은 또한 그를 '젊은이'로 보도록 하는 요인이 되기도 했다. 중간급 매니저들은 오토바이를 타지 않는다. 고위급 이사들은 혼다 오토바이를 포기한 지 오래이다. 이 때문에 이 젊은이는 승진하지 못하고 있었다. 어떤 형태로든 오토바이를 타고 다니는 사람으로 보이는 동안에는 승진할 수 없었다. 그러나 그는 내 조언에 따라 사무실에 들어가기 전에 오렌지색 오토바이 복장을 벗고, 헬멧은 안내 데스크에 맡기기 시작했다. 그러더니 그는 마치 유성처럼 승진의 사다리를 타고 올라갔다. 그는 오토바이를 포기할 필요가 없었다. 단지 자신이 아직 오토바이를 타고 다닐 만큼 젊다는 사실을 광고하지 않게 된 것뿐이었다.

2.2 항상 미소를 띠어라

이런 시를 기억하는가? '만일 당신이 계속 침착할 수 있다면…' 당신은 자신이 항상 침착성을 유지한다는 사실을 사람들에게 어떻게 알리는가? 아주 쉬운 방법이 있다. 얼굴에 미소를 띠는 것이다. 어떤 일에나 미소를 띠어라. 동료에게 아침 인사를 할 때도, 악수를 할 때도, 상황이 악화되어 가고 있을 때에도 미소를 띠고, 지옥에 가도 미소를 띠어라. 어떤 일에나 미소를 띠어라.

그렇다면 어떤 미소를 띠어야 할까? 친근하고 진심 어린 미소를 띠어라. 반드시 당신의 눈도 웃고 있어야 한다. 그리고 진실하고 솔직하며, 정직하고 숨김없는 행복한 미소를 띠어라. 당신의 미소가 바로 이런 것이 되도록 만드는 가장 쉬운 방법은 그런 것들을 모두 믿는 것이다. 이것은 연기할 수가 없다. 금방 탄로 나기 때문이다. 진실로 보이기 위해서는 진실해야 한다. 당신은 행복을 느껴야 하고, 이를 즐기고 있어야 한다. 그렇지 못하면 당신의 미소는 거짓된 것으로 보일 것이다. 만일 이를 즐기고 있지 못하다면 거짓된 미소를 띠며 즐거운 척하는 걸 그만두고 그 지옥에서 벗어나라.

일단 당신의 미소가 진짜이고, 진정한 행복과 친근함에서 나오는 것이라고 가정하자. 이제 당신의 미소를 개선하고, 리허설하고, 좀더 훌륭하게 만드는 것이 합리적일 것이다. 그러나 우선 미소가 있어야 한다. 일단 미소가 있다고 가정하고 시작하자.

거울을 보고 미소를 띠어라. 정말이지 어색해 보일 것이다. 당연하다.

당신은 자신의 정면밖에 볼 수 없다. 사진도 2차원이기 때문에 볼 수 없는 부분이 많아 도움이 되지 않기는 마찬가지이다. 당신은 자신의 미소를 모든 각도에서 볼 필요가 있다. 3차원으로 보아야 한다는 뜻이다. 유일한 방법은 비디오 필름에 자신의 모습을 담는 것이다.

미소를 개선하기 위해 파트너나 친구에게 자신의 모습을 비디오에 담아 달라고 부탁하기가 민망하다면 당신 혼자서 그 일을 해야 한다. 예전에 내가 범했던 실수를 당신은 제발 되풀이하지 않길 바란다. 당시 나는 재정 담당 매니저로 있었는데, 오후에 슈퍼마켓 매니저 일을 대신 맡아 달라는 요청을 받게 되었다. 비어 있는 상점에서 나는 오후 시간을 매우 즐겁게 보낼 수 있었다. 상점에 있는 CCTV 시스템으로 내 걸음걸이와 미소를 연습하고, 전반적인 외모도 살펴볼 수 있었기 때문이었다. 마음에 들지 않는 사소한 부분들을 교정했던 나는 사무실로 돌아가면 연습한 효과가 있는지 알아봐야겠다고 마음먹었다. 그건 아주 흥미로운 일이었다. 몇 주 후, 나는 전 직원을 위한 특별 쇼를 시청하도록 초대받았다. 그랬다. 나는 그 테이프 지우는 걸 깜빡 잊었었고, 상점 매니저가 그 테이프를 발견하여 모든 일반 직원들에게 그 쇼를 보여 주었던 것이다. 동료들이 즐겁게 그 테이프를 보며 코멘트를 하고, 어디가 잘못되었는지 지적해 주는 동안 나는 모든 쇼를 지켜보며 그곳에 앉아 있을 수밖에 없었다. 우스꽝스럽기도 했지만, 재미있기도 했다.

미소를 개선하기 위해서는 한쪽 입술이 기울어지게 히죽 웃는 행동은 반드시 고치도록 하라. 치아도 너무 많이 보이지 않도록 하고, 자신의 모습이 반드시 행복하고 정직해 보이도록 해야 한다. 정말 잘하게 될 때까지 계속 연습하라.

2.3 힘 있고 완벽하게 악수하는 방법을 익혀라

우리는 악수를 자주 하지만 대개의 경우 무의식적으로 하게 된다. 평상시 근무를 할 때 당신은 하루 동안 악수를 몇 번이나 하게 되는가? 짧은 악수에도 매우 많은 신호가 들어 있다. 따라서 당신은 악수를 통해 상대방에게 최상의 자신감과 완전한 안정감을 보여 주어야 하고, 확신을 심어 주어야 한다. 어떤 사람과 악수를 할 때 당신은 상대에게 힘, 자신감, 권위와 더불어 완전한 자제심의 소유자라는 인상을 남겨야 한다. 물론 당신은 그런 사람이다. 자신의 악수가 적절한지 의구심이 생긴다면 당신에게 조언해 줄 친구를 하나 구하라.

어떻게 해야 당신의 악수 태도를 향상시킬 수 있을까? 힘 있게 악수하라. 당신은 두 손을 이용해 힘 있는 악수를 할 수 있다. 한 손으로 상관/동료/고객의 손을 잡고, 다른 쪽 손으로는 악수하는 손을 힘 있게 감싸는 것이다. 하지만 너무 힘을 주어 손가락이 아플 정도가 되면 안 된다.

당신의 악수를 좀더 개성 있고 기억에 남도록 하기 위해 방식은 언제든 바꿀 수 있다. 내 할아버지는 악수를 정말 멋지게 하는 분이었다. 엄지와 검지, 단 2개의 손가락만을 사용해 아주 견고한 악수를 했는데, 마치 왕족과 악수하는 것처럼 느껴졌다.

악수는 매우 형식적이며, 오래된 풍습이기도 하다. 하이파이브나 비밀 공제 조합 사람들끼리 하는 홱 잡아당기기식 악수, 범죄 조직 스타일의 악수 따위는 잊어버려라. 전통적인 타입의 악수를 고수하라. 그러면 당신은 자신감 있고 권위 있는 사람으로 기억될 것이다.

악수를 잘하는 사람이란 악수를 적절하게 잘할 뿐만 아니라 먼저 손을 내미는 사람이기도 하다. 이런 사람들은 자신의 이름을 밝힘과 동시에 손을 내밀어 자신감을 발산한다. 이를 통해 예리하고 친근한 면과 확신에 찬 접근 방식을 보여 주고, 전체적으로 강인한 분위기를 풍긴다. 또한 이들은 상대의 눈을 똑바로 쳐다보며 그 이름을 다시 한번 불러 준다. 사람들은 남이 자기 이름 불러 주는 것을 아주 좋아하기 때문이다. 뿐만 아니라 그렇게 함으로써 상대의 이름도 더 잘 기억할 수 있다.

자신의 이름을 소개할 때 가장 먼저 하는 말은 "Hello(안녕하십니까?)."가 되어야 한다. 바로 이것이다. 당신은 현대적이고 친근한 느낌을 전달하고 싶어 "Hi(안녕하세요?)."라고 말할 수도 있다. 이건 당신에게 달려 있다. 그러나 훌륭한 법칙의 선수들은 늘 "Hello."라고 말한다.

그 다음에는 상대의 이름을 말해야 한다. 그리고 당신 이름 역시 형식적이고 전통적인 방법으로 소개해야 한다. 결코 "Hi, I'm Dave, from Marketing(안녕하세요? 마케팅부의 데이브입니다)."라고 말하지 마라. 분명 유쾌하고 친근한 분위기를 만드는 효과는 있을 것이다. 그러나 당신이 중요한 사람이라는 인상을 주지는 못할 것이며, 이로 인해 어떤 혜택이나 이익도 얻지 못할 것이다. 또한 자신을 그곳에서 가장 낮은 수준으로 떨어뜨리는 결과를 부르게 된다. "Hello, I'm David Simpson, Marketing Manager(안녕하십니까? 저는 마케팅부 매니저 데이브 심슨이라고 합니다)." 이렇게 하면 당신은 그 무리의 다른 사람들과 즉시 구분되며, 그곳의 어느 누구보다도 높은 사람으로 보이게 된다. 이렇게 말하면서 힘 있고 자신에 찬 악수를 하라. 그러면 당신은 사람들을 완전히 복종하도록 만들 수 있을 것이다.

자신감과
에너지를 발산하라

많은 비즈니스우먼들 앞에서 스트레스 관리에 관한 강연을 한 적이 있었다. 강연을 하려고 앞으로 걸어 나간 순간, 강연대가 없음을 알게 되었다. 아무 데도 설 곳이 없었다. 참고할 메모지를 놓을 곳이 필요했던 건 아니었지만 말이다. 대신 의자와 책상이 놓여 있었다. 만일 내가 책상 뒤에 있는 의자에 앉는다면 앞줄에 앉은 사람 외에는 나를 볼 수 없을 것이며, 그나마 매우 형식적으로 보일 것이었다. 필립 왕자가 궁중 스태프들에게 하듯 뒷짐을 지고 서서 강연할 수도 있었다. 손을 양 옆에 가지런히 두고 차려 자세로 있거나, 두 손을 앞으로 모으고 당황해서 쩔쩔매는 남학생처럼 서 있을 수도 있었다. 하지만 나는 스트레스에 관한 강연을 할 참이었고, 게다가 스트레스 관리를 어떻게 해야 하는가에 관한 내용이었다. 나는 아주 편안하고 침착하게 보여야 했다. 마치 내 강연 내용을 실습해 보이는 것처럼 말이다.

나는 책상 모서리에 걸터앉음으로써 그 문제를 해결했다. 내가 하고 싶은 대로 다리를 흔들기도 하고, 몸을 앞으로 구부렸다가 뒤로 젖히기도 하고, 거의 눕다시피 하기도 했다. 몇 년 후, 그 강연을 들었던 여성을 다시 만나게 되었다. 그녀는 내가 말했던 내용은 전혀 기억하지 못했지만 내가 아주 느긋해 보였던 점과, 강연을 마치고는 벌떡 일어나 그 지방 기자와 사진을 찍으러 나가던 모습에 큰 감명을 받았다고 했다. 나는 그 사실이 기억나지 않았지만, 그녀는 내가 자신감 있고 느긋해 보이면서도 에너지가 넘쳐 보였노라고 말했다.

이것이 바로 우리의 목표이다. 아침에 출근해서 사무실을 가로질러 갈 때, 당신의 걸음걸이는 스프링이 달린 듯 경쾌해야 한다. 남들이야 술이 덜 깼거나, 방금 잠자리에서 빠져나왔거나, 지루한 출근으로 지친 듯 구물구물 기어 다니거나 말거나 내버려 두어라. 당신은 신선하고 에너지 충만한 컨디션으로, 그날 할 일을 감당할 준비가 갖추어진 상태로 도착해야 한다. 그 '할 일'이라는 것이 당신에게는 아주 시시하고 하찮은 일이라 해도 말이다. 천천히 걷지 말고 빠르게 걸어라. 빠르다는 것은 예리함과 에너지를 의미하며, 깨어 있고 생동감 넘치며, 그날 하루가 당신에게 던져 줄 도전에 대한 준비가 되어 있음을 의미한다.

지나치게 빨라서는 안 된다. 서두르는 것처럼 보일 것이기 때문이다. 당신은 자연스럽게 제어되는 상태가 되어야 한다. 서두르거나 게으르거나 위축되거나 지친 것처럼 보여서는 안 된다. 당신은 밝고 신선하며 생동감 넘치고 열정적으로 보여야만 하는 것이다.

> "아침에 출근해서 사무실을 가로질러 갈 때,
> 당신의 걸음걸이는 스프링이 달린 듯 경쾌해야 한다."

2.5 눈에 띄는 자신만의
스타일을 개발하라

이 말은 바로 '스타일'이다. 이는 고상하고, 격식 있고, 품위 있고, 정교하고, 우아하고, 교양 있고, 세련되며, 분별력이 있음을 의미한다. 당신은 이런 모든 면에서 자신을 눈에 띄도록 할 스타일을 개발하게 될 것이다. 머리를 붉은색으로 물들이고 자선 단체에서 수거하여 세탁해 파는 옷만 입고 다니는 것도 하나의 스타일이라고 할 수 있으며, 당신을 눈에 띄게 할 만한 스타일이 될 수 있을 것이다. 그러나 이것은 법칙의 선수들을 위한 스타일은 아니다. 보이 조지보다는 캐리 그랜트를, 마돈나보다는 로렌 바칼을 생각하라. 모두 스타일을 가지고 있으며, 사람들의 눈에 띈다. 그러나 장담컨대 캐리 그랜트나 로렌 바칼이 당신이 추구하는 바로 그 스타일일 것이다. 고전적이고, 시대를 초월하는 품위 있는 스타일 말이다. 당신이 스타일을 하나 선택하고 싶다면 다음의 여러 가지 옵션 중에서 고를 수 있다.

- 하나의 스타일을 선택해 그것으로 유명해져라. 늘 검정색 옷이나 더블 상의, 또는 아르마니 옷만 입어라. 또는 고급 핸드백이나 서류 가방을 들고 다녀라. 자신만의 트레이드마크가 될 만한 의복 스타일을 개발하고, 그것을 고집하라.
- 자신이 살 수 있는 한도 내에서 최고급 물건만 사라.
- 꼭 끼는 옷은 절대 입지 마라. 낙낙한 옷은 품위와 우아함을 나타내지만, 꼭 끼는 옷은 가난과 싸구려를 나타낸다.

- 모자란 것이 차라리 낫다. 귀금속류 착용을 자제하고, 최고급 의류만 사 입어라. 비싸지 않으면 입지 마라. 아주 비싼 물건만 구입해서 사용하면 취향이 모호하거나 의심스러워 보일 만한 물건을 없애는 데 도움이 된다. 돈을 많이 쓰면 당신은 훨씬 더 분별력 있는 사람이 된다.

- 화장을 하는 타입이라면 자신에게 어울리고 멋지게 보이는 화장법만 고수하라. 계절이나 유행에 따라 화장법을 바꾸지 마라. 특징 있는 외모로 알려져 남들이 즉시 알아볼 수 있도록 해야 하며, 맵시 있는 사람이 되어야 한다.

- 캐주얼하게 입기보다는 늘 성장(盛裝)을 하라. 격식 있게 입는 것이 최선이며, 격식을 차리지 않은 차림새는 최악이다.

- 모든 액세서리는 반드시 의상 센스와 같은 법칙을 따르도록 하라. 맵시 있고, 비싸고, 느슨하고, 눈에 띄고, 고상해야 한다. 외모가 아무리 멋지게 보여도 다 낡아 빠진 서류 가방을 들고 다니면 아무 소용이 없다. 물론 그것이 당신의 트레이드마크가 아닌 경우 그렇다는 얘기이다. 트레이드마크인 경우라면 그 서류 가방은 반드시 아주 오래되고, 아주 비싸며, 아주 낡은 것이어야 한다.

> "보이 조지보다는 캐리 그랜트를,
> 마돈나보다는 로렌 바칼을 생각하라."

매일 아침 당신은 자신의 몸치장이 최상의 상태인지 점검해야 한다. 세세한 부분 부분이 정말 중요하기 때문에 어느 한 가지라도 신경 쓰지 않은 부분이 있다면 바로 눈에 띄게 될 것이다. 이 때문에 승진이 될 수도 있고, 또 퇴짜를 맞을 수도 있다. 하루도 빠짐없이 면접 보러 가는 날인 것처럼 세심하게 신경 써라. 출근하기 전에 당신이 점검해야 할 항목은 다음과 같다.

- 구두를 잘 닦고 수선해 놓았는가?
- 옷은 다림질을 했는가? 깔끔한가? 새 것인가? 좋아 보이는가? 단추가 떨어졌거나, 옷이 해어졌거나 찢어졌거나 뜯어진 곳은 없는가?
- 방금 샤워를 마치고 향수를 적당하게 뿌렸는가?
- 헤어스타일은 깔끔한가? 정기적으로 머리를 단정하게 손질하여 스타일을 살리고 있는가?
- 남자는 면도를 한다. 수염을 기르는 경우라면 수염이 멋대로 뻗치지는 않았는지, 음식물이 묻지는 않았는지, 벌레나 곰팡이는 없는지 점검한다.
- 여성들은 화장을 한다. 간단하게 해도 좋다. 그러나 반드시 훌륭하고, 일정하며, 완벽해야 한다.
- 치아는 치료를 잘 받은 깔끔한 상태여야 한다. 구취가 없어야 하고, 혀는 깨끗해야 하며, 치아가 누렇게 변색되어 있어서는 안 된다.

- 손톱은 깔끔하고 (여성의 경우)새로 매니큐어를 바른 상태여야 한다.
- 손은 깨끗한지 점검한다. 오래된 차를 손보거나 DIY 작업을 하거나 정원을 손질하느라 손에 때가 끼지는 않았는지 살펴보라. 그런 작업을 할 때는 외과 수술용 얇은 장갑을 끼고 하라.
- 만일 당신이 담배를 피우거나 커피를 많이 마신다면 치아가 누렇게 변색되지 않았는지 반드시 점검하고, 흡연자는 손도 점검한다. 또한 박하사탕이나 추잉껌을 이용하여 지독한 구취가 나지 않도록 하라.
- 코털이나 귓속 털을 잘 손질하여 제거했는가?
- 안경을 쓴다면 반드시 당신에게 어울리는 것을 사용해야 한다. 또한 1년에 한 번씩 교체해 도수가 잘 맞도록 해야 하며, 상태가 온전해야 한다. 안경알이 깨져 있거나 본드로 붙인 것은 사용하면 안 된다.

허영심에 찰 필요도, 거울을 보고 점검할 필요도 없다. 일단 제대로 다 갖춘 다음에는 느긋한 마음으로 그것을 즐겨라. 나는 커피를 마시거나 끈적거리는 빵만 먹어도 매번 가서 이를 닦는 여성과 일한 적이 있다. 사람들의 주목 거리가 된다는 점과 동료들이 그녀에 대해 강박 상태의 이상한 성격을 가졌다고 생각한다는 점 외에는 뭐 그리 잘못된 것은 아니었다. 그녀의 결점은 이를 자주 닦는 데 있었던 것이 아니라 남들로부터 그런 반응이 나오도록 만들었다는 데 있었다. 약간의 분별력만 발휘했어도 훨씬 더 좋은 결과를 가져올 수 있었을 것이라는 생각이 든다.

> "하루도 빠짐없이 면접 보러 가는 날인 것처럼
> 세심하게 신경 써라."

매력적인
사람이 되어라

이 점에 관해서는 의심의 여지가 없다. 통계 수치도 이 사실을 뒷받침한다. 잘생긴 사람들이 운이 좀 덜 좋은 사람들보다 잘 나간다는 것이다. 잘생긴 사람들은 일을 좀 덜해도 성공할 수 있다. 그렇다면 무엇이 사람을 매력적이고 잘생겨 보이도록 만드는 것일까? 매력적이라고 생각되는 사람을 보았을 때, 당신은 그를 매력적으로 보이게 만든 바로 그 점에 강한 인상을 받게 된다. 교정이 가능한 뻐드렁니나 사마귀가 난 코 등의 명백한 신체적 결함은 무시한다 하더라도 '매력적'이라는 것이 정확히 어떤 것인지 정의 내리기란 매우 어렵다. 할리우드의 스타들을 예로 들어보자. 리자 미넬리, 우디 앨런, 줄리아 로버츠, 숀 펜 같은 이들은 고전적인 의미로 보아 잘생긴 건 아니지만 우리는 그들에게서 카리스마, 매력, 자석처럼 끄는 힘, 영웅적인 태도를 볼 수 있다. 그들은 당신에게 바로 다가온다. 그들에게는 생기와 자신감, 극적인 효과, 파워, 개성이 있다.

당신 역시 이런 것들을 가져야 한다. 이것들은 어쨌든 보기보다는 습득하기가 훨씬 쉽다. 매력적인 사람이 되는 것이 '법칙 2'의 전부이다. 당신이 늘 옷을 잘 입고, 단정한 차림새를 위해 신경 쓰고, 멋진 미소를 개발하고, 멋지게 보이도록 노력한다면, 그리고 친근하고 따뜻한 태도로 명료하게 말하고 남에게 세심하게 신경 써 준다면 당신 역시 매력적이고 잘생긴 사람으로 보일 것이다. 표정은 모두 미소와 눈에 담겨 있다. 주변을 밝혀 주는 미소는 자석과 같이 끄는 힘이 있으며 매우 강력하다. 생기 가득한 반짝이는 눈은 얼굴 전체가 잘생겼다고 생각하도록 만든다.

매력적이라는 것은 정신적 자세와 태도의 문제이기도 하다. 슬럼프에 빠져 있다면 당신은 우울하고 침체된 분위기를 풍길 것이다. 이런 것은 매력적이지 못할 뿐만 아니라 미남, 미녀와도 거리가 멀다.

걸음걸이는 직립 자세에 자신감과 안정감이 있어야 한다. 악수 역시 마찬가지이다. 당신에 관한 모든 것이 활기차고 개방적이며 유쾌하고 자신감 있어야 한다. 이런 것이 '매력'인 것이다. 당신은 몸단장에 흠이 없어야 하고, 옷에 대한 감각에 뛰어나야 하며, 스타일은 색다르면서도 부드러워야 하고, 전체적인 몸가짐은 당당하고 걸출해 보여야 한다. 이것이 바로 '매력'인 것이다.

당신이 하지 말아야 할 것은 다음과 같은 것들이다.

- 맥 빠진 걸음걸이
- 슬럼프
- 변변치 못해 보이는 태도

당신이 해야 할 것은 다음과 같다.

- 매력적으로 보이지 않을 만한 것 중 교정이 가능한 것은 모두 교정한다. 예를 들어, 사마귀, 구취, 누렇게 변색된 치아, 나쁜 시력 등이다. 절대 눈을 가늘게 뜨고 사람을 쳐다보지 마라. 도수가 잘 맞고 당신에게 어울리는 안경을 써라.

2.8 초연하라

레드 노우즈 데이(Red Nose Day)[1]에 빨간 코를 달고 다니지 마라. 무슨 일이 있어도 화려한 의상으로 차려입지 마라. 어떤 일, 어떤 사람을 위해서도 당신의 흠잡을 데 없는 스타일을 바꾸지 마라. 당신은 사무실의 이런 모든 난센스로부터 초연한 상태를 유지해야 한다. 이 때문에 당신은 뻣뻣한 새침데기로 소문날까? 거만하게 보이거나 자기중심적인 사람으로 보일까? 아무도 신경 쓰지 않는다. 자신의 스타일을 지킴으로써 당신은 초연함을 유지할 수 있다. 가장 중요한 점은 바로 이것이다. 누가 보든 상관없는 주말이나 빨간 코를 달아라. 당신은 언제나 품위 있고 세련된 상태를 유지해야 한다.

당신이 회사에 있는 목적은 일하기 위함이라는 사실을 직시하자. 회사에서 당신에게 급여를 주는 이유도 이 때문이다. 당신은 바보짓을 하여 웃음거리가 되려고 회사에 있는 게 아니다. 일을 잘하기만 한다면 일하는 태도는 전적으로 당신에게 달려 있다. 당신은 사무실의 사교적인 모든 일에 참여하겠다고 마음먹을 수도 있고, 한 발자국 물러서 있을 수도 있다. 후자를 선택한다면 당신은 동료들로부터 한 발자국 멀어지게 되는 것이고, 따라서 그들의 매니저 위치에 한 발자국 더 가까이 다가서는 셈이 된다.

이것은 동료들과 함께 웃거나 농담해서는 안 된다는 뜻이 아니다. 단지 너무 친해지거나 사적인 관계가 되어 그들의 위로 승진하는 것이 불가

주 1 | 레드 노우즈 데이(Red Nose Day): 영국에서 2년에 한 번씩 열리는 전국적인 자선 모금 이벤트로서, 영국 구호 재단인 코믹 릴리프(Comic Relief)에서 개최한다.

능해질 정도가 되어서는 안 된다는 의미이다. 만일 당신이 곧 그들의 상관이 될 거라면 약간의 거리를 유지하는 것이 좋다. 당신은 이것을 초연한 자세로 행해야 한다.

초연하다(cool)는 것이 어떤 의미인지 잘 모르겠다면 워드 프로세서에 '초연'이라는 단어를 타이핑해 보라. 그런 다음 사전에서 반대말을 찾아보라. '더운(warm)', '흥분한(excited)', '유행에 뒤진(unfashionable)'과 같은 말들이 있을 것이다. '덥다(warm)'라는 단어에 대해서는 땀나는 손을 생각하라. 시원하지 않다. '흥분하다(excited)'라는 단어에는 크리스마스를 맞은 어린 소년을 생각하라. 귀엽지만 흥분해 있다. '유행에 뒤지다(unfashionable)'라는 단어에는 짤막한 카디건을 생각하라. 따뜻하지만 세련되지 못하다.

따라서 우리가 되기를 원하는 건 다음과 같은 것들이다.

- 덥지 않다: 땀나지 않는 것을 생각하라.
- 흥분하지 않는다: 허둥대지 않는다는 것을 생각하라.
- 유행에 뒤지지 않는다: 이것은 유행을 따른다는 말과는 다르다. 오히려 시대를 초월하여 세련됨을 의미하므로, 유행을 따르는 것과는 완전히 다르다.

초연한 운영자는 느긋하면서도 제어력이 뛰어나다. 그들은 위기 상황에서 소리를 지르며 뛰어다니지 않는다. 오히려 안전 절차를 이행하고, 그 상황을 침착하고 태연하게 처리한다. 그들은 초연하고, 이성과 평정을 지킨다. 또한 이들은 어려운 상황을 맞았을 때 사람들이 의지하고 싶어하는 대상이기도 하다. 사람들은 흥분하는 사람은 원하지 않는다. 초연하고 침착하며 이성적인 사람을 원한다.

말을 잘하라

말을 잘한다는 것은 어떤 의미일까? 성량이 풍부한 BBC 아나운서 같은 목소리로 'house' 대신 'hice'라고 말하고, 'crash' 대신 'creche'라고 말하라는 것일까? 물론 아니다. 당신 고향의 억양을 그대로 사용해도 좋다. 그것은 문제가 되지 않는다. 우리가 '어떻게' 말하는가보다는 '왜' 말하는가를 생각해 보자. 우리가 말을 하는 이유는 의사 소통, 즉 정보를 전달하기 위해서이다. 따라서 말을 잘한다는 것은 명확하고 효과적으로 정보를 전달한다는 의미가 된다. 어떻게 말하는지는 중요하지 않지만, 명확하게 말하는 것은 매우 중요하다. 말을 명확하게 한다는 것은 말 그대로 '명확히' 한다는 뜻이다. 당신이 피해야 할 것은 다음과 같은 것들이다.

- 웅얼웅얼 말하는 것: 사람들이 당신 말을 잘 알아듣지 못하거나 이해하지 못하는 것은 당연하다.
- 너무 조용히 말하는 것: 이 경우 역시 사람들은 당신의 말을 알아들을 수 없다.
- 전문 용어를 사용하는 것: 당신이 속한 부서나 전문 분야 이외의 사람들은 알아들을 수 없다.
- 특정 단체나 사회 계층에 속해 있음을 드러내는 종류의 말을 하는 것: 유행 중인 최신 은어를 사용하려 하는 젊은이들, 정치적으로 극단적인 말(급진적인 용어, 지나치게 정치적으로 옳은 발언, 생태학자나 채식주의자들이 쓰는 말, 환경 보호에 관한 강박적인 말 등), 또는

특정 계층에 속해 있음을 지나치게 드러내는 말(지나치게 고상한 말투, 지나친 런던 토박이 말투, 지나친 사투리 등).

말을 잘 못한다는 것은 'fewer'를 써야 할 곳에 'less'를 쓰는 것과 같다. 만일 이 차이를 모르겠다면 영어 문법책을 뒤져 보고 그것을 암기하라. '있잖아'나 '~인 것 같다'와 같이 입에 붙은 말버릇을 고쳐라. 항상 문장을 완성시켜라.

말을 잘하기 위해 당신이 기억해야 할 중요한 4가지는 다음과 같다.

- 쾌활해라.
- 명확해라.
- 싹싹해라.
- 간결해라.

이것이 당신이 알아야 할 전부이다. 만일 이 4가지를 갖춘다면 당신은 실수를 범하지 않게 될 것이다. 사람들은 당신이 말한 것을 기억하고, 당신의 명료하고 쾌활한 말소리에 깊은 인상을 받게 될 것이다. 말을 잘하면 영향력을 발휘할 수 있다. 당신이 힘없이 걸어 들어와 자기 이름을 웅얼거린다면 사람들은 당신을 자신감이 부족하고 안절부절못하는 부족한 인간으로 생각할 것이고, 따라서 당신은 금세 그들의 기억 속에서 사라질 것이다. 당신이 자신감 있게 걸어 들어가 자신의 이름을 또렷하고 자신 있게 말한다면 사람들은 당신이 자기 위치와 주제를 알고 있으며, 자신이 원하는 것이 무엇인지 아는 사람이라고 생각할 것이다. 그러므로 당신은 사람들의 뇌리에 남게 된다. 간결하게 말하라. 당신이 원하는 게 무엇인지 직선적으로 말하고, 더 이상은 말하지 마라.

2.10 글을 잘 써라

글을 쓰는 목적은 2가지이다. 다른 사람에게 읽히기 위해 쓰는 글이 있고, 자신이 읽기 위해 쓰는 글이 있다. 자신을 위해 쓰는 글은 어떻게 쓰든 중요하지 않다. 읽을 수 없을 정도로 낙서를 할 수도 있고, 5살짜리 꼬마처럼 쓸 수도 있다. 다른 사람이 그 글을 보지만 않는다면 문제 될 것이 없다. 그러나 다른 사람들이 읽을 글을 어떻게 쓰느냐는 매우 중요하다. 당신은 다음 사항들로 사람들에게 판단될 것이다.

- 당신이 쓴 글의 내용
- 당신의 글씨체

아, 하지만 당신은 모두 타이프로 치기 때문에 글씨로 된 것은 하나도 없다고 말할 것이다. 좋다. 그렇다면 당신은 어떤 글자 서체를 선택하는가? 그 이유는 무엇인가? 글자 크기는 몇 포인트로 하는가? 이유는? 당신은 서류에 사인을 해야 할 것이다. 그것은 글씨이다. 당신의 사인은 다른 어떤 것 못지않게 사람들의 판단 대상이 된다. 예전에 내 사인이 매우 부유한 사람의 사인이라는 말을 들은 적이 있었다. 좋은 일이다. 비록 완전히 잘못 안 것이긴 했지만 말이다. 그러나 그것은 마음속에 품고 있던 그 이미지에 내가 점점 더 가까워지고 있음을 암시했다. 이 주제에 관한 마지막 포인트는 사인을 항상 크게 하라는 것이다. 큰 사인은 큰 사람을 의미하기 때문이다.

만일 당신이 핸드라이팅을 많이 사용한다면 다음과 같이 해야 한다.

- 알아볼 수 있도록 쓴다: 누구나 읽을 수 있어야 한다. 그렇지 않으면 글을 써 봐야 소용이 없으며, 잘 쓰려고 노력하지 않는 것은 남들에게 실례가 되는 일이다.
- 깔끔하게 쓴다: 뭉개서 지우는 일이 없도록 해야 하며, 모든 글줄이 일정해야 한다.
- 맵시 있게 쓴다: 여기저기에 약간의 장식체를 넣는다.
- 성숙한 글씨체로 쓴다: 글씨체를 둥글려 모아지도록 쓴다.
- 일관성 있게 쓴다: 페이지의 맨 아래쪽에 쓴 글씨와 맨 위쪽에 쓴 글씨가 같아야 한다.

여백에도 신경을 쓰고, 글줄이 기울어지지 않도록 주의하라. 당신이 모르고 있을지도 모르지만 여백이든 사인이든, 다른 어떤 형태의 글이든 페이지의 오른쪽으로 갈수록 내려가는 글줄은 의기소침한 사람을 나타낸다. 낙천가들은 오른쪽으로 갈수록 올라간다.

반드시 철자도 맞고 문법도 적절해야 한다. 만일 그렇지 않다면 그것에 관한 정보를 알아보도록 하라.

만일 타이핑을 많이 하는 편이라면 서체 중 'Times New Roman'이나 'Arial'을 사용하도록 하고, 글자 크기는 12포인트로 하라. 그리고 이탤릭체나 볼드체, 강조를 위한 밑줄은 되도록 아껴서 사용하라. 절대로 글자 서체를 섞어서 사용하지 마라. 그렇게 하면 사람들은 당신을 불안정하고 미성숙한 품성을 지닌 사람으로 생각할 것이다. 글자 크기 역시 마찬가지이다. 당신은 그렇게 하는 것이 재미있어 보인다고만 생각했을 것이다.

법칙 3

RULE

계획을 가져라

당신은 자신이 어디로 가고 있는지 아는가? 모르고 있다면 아마도 당신은 결국 어느 곳에도 도달하지 못하게 될 것이다. 법칙을 잘 따르는 사람들은 자신이 어디로 가고 있는지 정확히 알고 있다. 그들에게는 계획이 있다. 목표 지점까지 어떻게 가야 할지 그 길을 이미 구상해 두고 있는 것이다. 6개월 계획, 1년 계획, 5년 계획. 그들은 경기를 계획해 두었으므로 어떻게 플레이해야 할지도 잘 알고 있다. 당신 역시 그렇게 될 것이다. 법칙의 선수들은 항상 탄력적이어서 상황에 따라 계획을 변경한다. 그들의 사고는 굳어 있지 않다. 그들의 사고는 매우 스마트하고 유연하다.

당신 인생의 작전 계획은 무엇인가? 모른다고? 생각해 본 적이 없다고? 대부분의 사람들이 그렇다. 그렇기 때문에 실패하는 것이다. 계획을 가지고 있지 않다면 지킬 것이 없는 것이며, 결국 당신은 그냥 흘러가는 데로 가기 쉽다. 인생의 소용돌이 속에서 떠도는 건달이 되는 것이다. 이것은 매우 슬픈 현실이다. 그러나 법칙의 선수들은 계획을 가지고 있다. 장기적인 계획과 단기적인 계획을 모두 가지고 있다.

장기적인 계획은 아주 간단할 수 있다. 자격을 갖추고, 승진하고, 정상에 도달하고, 퇴직하고, 생을 마감하는 것이다. 이 계획은 매우 현명하고 유용할 수도 있다. 경력을 쌓고자 한다면 자신이 선택한 산업 분야에 관한 작전 계획을 연구하는 것이 당연하다. 당신은 예상치 못했던 일과 통제할 수 없는 일에 대한 우발적인 상황을 끼워 넣어야 할 것이다. 그러나 영리한 법칙의 선수라면 여러 가지 지표와 조짐들을 읽어 내고는 장기적인 작전 계획을 미리 수정해 놓을 것이다. 최근에 어떤 사람이 "그때 인원 감축을 예상했던 사람이 누구였지?"라고 말하는 걸 들은 일이 있다. 그들의 사업 부문이 어느 방향으로 갈 것인지 이미 알고 있을 정도의 머리를 가진 사람이라면 누구나 예상했을 것이라는 것이 그 대답이다.

그러므로 당신이 선택한 산업 분야를 연구하고, 당신이 원하는 직위에 도달하기까지 필요한 진행 단계들을 알아야 한다. 그 단계를 실행해 가기 위해서는 무엇이 필요한지 연구하라. 몇 개의 단계가 필요한지 생각하라. 대개의 경우 하급, 중급, 고급, 간부급 등 4개 정도의 단계가 필요하다.

만일 그렇지 않다고 생각한다면 써 넣을 필요가 없다.

각 단계에서 당신이 원하는 것이 무엇인지 생각하라. 경험을 쌓고, 맡은 일을 처리하고, 새로운 기술을 익히고, 사람 관리에 관한 이해도를 높이는 일 등일 것이다. 여기에서 '수입을 늘리는 것'은 선택 사항이 아니라 이미 결정된 사항이라는 점을 알게 될 것이다. 어쨌든 당신이 법칙의 선수라면 이것은 정해진 결과이다.

각 단계가 어떻게 이루어지는지 연구하라. 다른 부서나 다른 지점으로의 이동, 파트너십 제안 접수, 이사회 합류 제안 접수, 다른 회사로의 전근, 그런 것들일 것이다. 일단 각 단계가 어떻게 이루어지는지 알고 나면 그 방법을 알아내기 위해 무엇이 필요한지 생각해 내기란 그다지 어렵지 않다.

당신은 최종 게임, 즉 궁극적인 목표를 가지고 있어야 한다. 이것은 당신이 원하는 만큼 높을 수도 있고, 극단적일 수도 있다. 예를 들어, 전 세계의 황제, 총리, CEO, 세상에서 가장 부유한 사람 등 무엇이든 좋다. 이것은 꿈이고, 따라서 한계가 없다. 상상력에 한계를 정해 놓는다면 최고가 되지 못하고, 완벽해지지 못하며, 자신의 가치보다 못한 결과를 얻더라도 불만스럽지만 감수해야 할 것이다. 아, 그러나 우리는 현실적이어야 하지 않겠느냐고? 좋다. 그렇게 하라. 그러나 법칙의 선수는 자신의 꿈 중에서도 최고를 향해 전진해 가며, 최정상이 아닌 것은 그 어떤 것에도 만족하지 못한다.

3.2 자신의 단기 계획이 무엇인지 알고 있어라

단기적이란 얼마나 짧은 걸 말하는 걸까? 이것은 전적으로 당신에게 달려 있다. 나는 항상 3가지의 단기 계획을 가지고 있다. 이번 한 달, 올 한 해, 그리고 앞으로 5년간의 단기 계획이다. 이를 통해 나는 작업량 계획에 필요한 정보를 충분히 얻는 것 같다. 그리고 단기간 내에 가족에게 영향을 미칠 계획을 짜는 데에도 도움이 된다. 이로 인해 나는 휴가 기간을 잡고, 아이들을 전학시키고, 정원이나 집에 관한 계획을 세우고, 생일과 크리스마스 계획을 잡는 등의 여유를 가질 수 있는 것이다.

- 1개월짜리 단기 계획에는 현재 진행 중인 작업 프로젝트의 리스트, 즉 마감일, 작업의 우선순위, 기본적인 일상 업무 등이 포함되어 있어야 한다. 이것은 일을 실행하기 위한 계획이다.
- 1개년 계획은 조직 중이거나, 계획 중이거나, 제안 중인 프로젝트들을 포함하고 있어야 한다. 이 계획은 일을 실행하기 위한 것이라기보다는 계획 중인 일을 위한 것이다.
- 5개년 계획은 아이디어, 꿈, 목표, 소망, 필요 등을 위한 것이어야 한다. 이는 당신이 미래에 실행하고자 하는 일을 위한 계획이다.

장기 계획에는 생애의 진로가 포함되어 있을 것이다. 그리고 5개년 계획에는 장기 계획 수행에 필요한 모든 단계가 담겨 있어야 한다.

나는 이 3개의 단기 계획을 위해 개별적인 3가지 기록을 가지고 있다.

1개월 계획은 책상 위 클립보드에 있는데, 한 장의 종이에 마감일, 응답할 전화, 해야 할 일 등을 박스 표시의 목록으로 작성해 놓았다. 마치 달력처럼 보이기는 하지만 날짜가 적혀 있지는 않다.

나의 1개년 계획은 벽에 붙어 있다. 벽에 붙이는 차트나 연간 계획표는 아니지만, 역시 한 장의 종이로 되어 있고 12개의 박스로 나뉘어 있다. 각 달의 박스에는 그달에 하고자 하는 일에 관한 관련 정보가 들어 있다. '해야 할 일'이라기보다는 '하고 싶은 일'이다. 이것은 해야 할 일의 목록이나 달력, 작업 스케줄이 아니라 단기 계획표이다. 나는 프리랜서이기 때문에 스스로 일을 만들어 내야 한다. 1개월 계획 기간 동안 이루어지고 있는 일이나 1개년 계획 기간 동안 기획되고 있는 이런 일들이 내 수입원이 되는 것이다. 이것은 '하고 싶어하는 프로젝트'와 '해야 할 프로젝트'로 구성된다. '해야 할 일들'은 '밥'이고, '하고 싶은 일'은 '반찬'이다. 예를 들어, 이 책을 기획하고 쓰는 일은 내게 즐거움이었다. 나의 5개년 계획은 내 진로의 전반적인 방향을 위한 것이다. 향후 5년 동안 나는 어떤 일을 하고 싶은가? 단기 계획은 해야 할 일들도 포함하기는 하겠지만, 주로 하고 싶은 일들을 위한 계획이 될 것이다. 기간이 짧을수록 하고 싶은 일의 목록이라기보다는 작업 스케줄처럼 보일 테지만 말이다.

모든 계획은 실행해야 할 실질적인 단계들을 포함해야 하며, 실지로 그 단계들이 이행되도록 해야 한다. 그러지 않으면 그것은 계획이 아니라 모호한 생각일 뿐이다.

이런 계획들의 범위 내에 우발적인 사태도 포함시켜야 한다. 누군가 당신에게 전화를 걸어 프로젝트를 제안하는데, 당신 계획에 없는 일이라고 거절할 수는 없는 일이다. 당신은 이런 상황에 탄력 있게 대처해야 하는 것이다.

3.3 승진 체계를 연구하라

처음 사회 생활을 시작할 때는 가장 낮은 위치에 있으므로 위로 부장, 상무이사, 사장 등을 존경심과 경외심으로 쳐다보게 된다. 그러나 언젠가는 당신도 나이를 먹고 경력을 쌓아 더 높은 위치로 올라가게 된다. 혹은 자신의 사업을 시작할 수도 있을 것이다. 대부분의 사람들에게 이런 변화가 온다. 경력을 쌓아 가는 동안 그들은 모호하게 위를 향해 정처 없이 헤맨다. 그리고 대개의 경우 옆길로 빠지게 되고, 편안하고 안락하다고 생각되는 수준에서 안주하게 된다. 그것으로 끝이다. 경력은 거기에서 끝난다. 게임이 끝난 것이다. 정말 슬픈 일이다. 그런 상황이 당신이 원하는 바가 아니라면 말이다. 하지만 당신이 열성적인 법칙의 선수라면 그렇게되지는 않을 것으로 생각한다. 법칙의 선수들은 결코 정처 없이 헤매거나 애매모호하게 아무 데나 정착하지 않는다. 당신은 계획을 가지고 있다. 당신은 이 시스템을 잘 알고 있으며, 또한 이를 이용하고 있다. 당신은 A에서 B로 가는 데 필요한 여러 단계와, 계속 그 위로 진행해 나가 최정상인 Z까지 가는 데 필요한 단계들을 잘 파악하고 있다.

승진 시스템 안으로 들어가 혜택을 받고자 한다면 그 시스템을 연구해야 한다. 어떤 일이 저절로 일어나기를 기다리거나, 행운을 얻어 승진하게 될 운명의 날을 기다리는 것은 소용없는 짓이다. 당신은 그날을 움켜잡아야 하고, 운명을 스스로 개척해야 한다. 모든 진부한 생각을 피할 방법을 정확히 알아야 하며, 그 시스템 안에서 승진할 방법도 알아야 한다.

그렇다면 당신이 속한 분야의 승진 시스템은 어떻게 이루어져 있는가?

당신은 그 시스템에 대해 알고 있는가? 그것을 연구해 본 적은 있는가? 앞서 그 분야에 있었던 사람들의 배경을 연구하라. 그렇게 하지 않으면 당신은 승진을 운에 맡겨 놓고 그저 기다리기만 하는 사람이 될 것이다. 그것도 괜찮을지 모르겠다. 그렇게 해도 당신이 바라는 곳까지 승진하게 될지도 모르니까. 하지만 그건 믿을 만한 것이 못 된다. 마치 복권 당첨으로 부자가 되어 퇴직할 수 있게 되기를 바라는 것과 같다. 그런 일이 일어날 수도 있지만, 가능성은 별로 없다. 이제 승진 차트를 만들어라.

- 자신의 분야에서 도달할 수 있는 가장 높은 자리를 바라보라. 혹은 자신이 목표로 삼을 수 있는 가장 높은 자리를 목표로 삼을 수도 있다(그러나 그것은 아마도 같은 것이 될 것이다). 그것에 표시를 하라.
- 이제 가장 낮은 직위를 보라. 그것에도 표시를 하라.
- 그 사이의 모든 단계를 구상하라.
- 자신의 위치를 표시하라.
- 그곳에 도달하는 데 필요한 단계를 목록으로 작성하라.

당신은 이제 자신의 승진 차트를 가지게 되었고, 각 단계를 성공시킬 때마다 하나씩 지워 나갈 수 있다. 승진하기보다는 자신의 사업을 하고 싶고, 따라서 회사원보다는 기업가가 되기로 마음먹었다 하더라도 이 단계들에 대해서는 동일한 원칙이 적용된다.

이와 함께 각 단계를 성공시키는 데 필요한 모든 기술과 경험도 목록으로 작성할 수 있다. 그런 다음 이것들을 얻기 위해 무엇을 해야 할지를 추가할 수 있다. 예를 들어, 당신이 어디를 가야 할지, 무엇을 배워야 할지, 무엇을 연구할 필요가 있는지 등이다. 이런 것들을 당신의 장기 계획과 5개년 계획에 추가로 삽입해도 좋다.

3.4 행동 방침을 개발하라

면밀한 행동 방침을 개발하는 것은 배우가 자신의 역할을 선택하고 대본을 연구하는 것과 비슷하다. 당신의 행동 방침은 자신이 어떤 사람이 될 것인지에 관한 것이어야 한다. 패배자가 되겠다고 의식적으로 마음먹는 사람은 많지 않겠지만, 그것이 그들의 최후이다. 그런 일이 당신에게 생기지 않도록 하라. 일단 당신이 주도권을 잡고 행동 방침을 개발하면 그런 일은 발생하지 않는다.

당신의 행동 방침은 일종의 개인적인 임무 보고서와 같은 것으로, 목적을 정하는 것과는 다르다. 목적을 정하는 일은 당신의 행동 방침이 결정한 당신의 모습을 어떻게 만들어 낼 것인가의 방법에 관한 것이다.

그렇다면 당신은 어떤 사람이 될 것인가? 성공한 사람? 실패한 사람? 포기하는 사람? 자신을 추슬러 먼지 구덩이에서 건져 내 다시 시작하는 사람? 눈부신 경력을 지닌 전략가? 패배자? 이 중에는 없는가?

당신은 무자비하고 불쾌하며 잔인하고 악의에 찬 사람이 되겠다고 마음먹을 수도 있다. 그러나 그러지 않을 것이라고 가정하겠다. 법칙의 선수들은 결코 그런 사람이 아니기 때문이다. 행동 방침은 어떤 종류의 게임을 계획하고 싶은지는 물론이고 어떤 성품을 지닌 사람이 되고자 하는지도 포함해야 한다. '나는 성공한 사람으로서 완벽하게 인격적인 사람이 되겠다.'라는 식으로 말이다.

자리에 앉아 이를 의식적으로 실행하는 사람은 많지 않다. 간단한 것처럼 보이지만 이것은 자신이 원하는 곳에 도달하게 해주는 필수적인 도구이다. 보다 많은 사람들이 이것을 실행한다면 동료들과의 사이에서 멍청이가 되거나, 따분한 사람이 되거나, 수다쟁이가 되거나, 찬바람이 불도록 매정한 사람이 되지는 않을 것이다. 우리 모두 자리에 앉아 자신의 행동 방침을 작성해야 한다면, 그리고 그것에 따라 살아야 한다면 결국 우리 모두가 더 좋은 사람이 될 것이다. 주변 사람들에게 유쾌하고, 협조적이고, 친절하고, 도움을 주고, 정직하게 대하기 위해 최선을 다하는 것은 나쁜 일이 아니다. '나는 악당이 되어 되도록 많은 사람을 괴롭히고, 모두의 미움을 받으며, 가능한 한 전반적으로 인기 없는 사람이 되겠다.'라는 행동 방침을 쓸 사람이 누가 있겠는가? 아무도 그렇게 쓰지는 않을 것이다. 하지만 그런 태도를 행동 방침으로 삼고 사는 사람을 많이 보았다. 그들이 성공했을지는 몰라도, 밤에 어떻게 잠이 오겠는가? 어떻게 자신을 참으며 살 수 있겠는가?

예전에 함께 일했던 어떤 고위급 매니저는 회사에 도착하면 부서를 돌아다니며 되도록 많은 사람들에게 소리를 질러댔다. 그리고 자신의 사무실로 돌아가 책상 위에 다리를 얹은 채 커피를 마시며 30분 정도를 보내다가 다시 부서로 돌아와 모든 사람들에게 아주 친절하게 대했다. 왜 그렇게 하는지 묻자 그는 이렇게 대답했다. "그렇게 하면 직원들은 계속 긴장하게 되니까. 그들은 내가 어떤 상태에 있는지 절대로 알 수 없거든." 사실이었다. 모든 사람이 그를 미워했고, 대부분이 두려워했으며, 동료들에게조차 그는 존경받지 못했다. 훌륭한 행동 방침이었을까? 절대 아니었다.

3.5 목표를 정하라

하나의 목표는 당신이 하루를 보내는 데 사용할 수 있는 '한 문장으로 된 간단한 임무 보고서'이다. 목표를 정하지 않는다면 성공이나 승진은 거의 불가능하다.

목표는 작업 방법의 중요한 요소들을 약술한다. 가령 당신이 가야 할 회의가 있다고 하자. 사람들은 모두 회의를 싫어한다. 회의는 끝이 없고 지루하며 비생산적이어서 오히려 생산성을 방해한다. 끝없이 짜증과 언쟁을 만들어 내는 원천일 뿐이다. 회계부의 스티븐이 회의에 참석해 당신을 괴롭히려 할 것이고, 대개의 경우 성공한다. 당신은 다른 방향으로 흘러갈 것이고, 당신 부서에 아무 영향도 미치지 않을 것이 분명함에도 불구하고 스윈든으로의 재배치를 의논하게 될 것이다. 그리고 결국 전시 부스의 예산에 관해 토론하게 될 것이다. 전시회는 아직 6개월이나 남아 있고, 금년에 NEC에 전시 부스를 세울 것인지의 여부가 아직 결정되지도 않은 시점에서 말이다. 그러니 목표를 정해야 한다.

'이번 회의에서는 내가 알고 있고, 이해하고 있으며, 나와 관련이 있는 문제에 관해서만 말할 것이다. 스티븐이 뭐라고 하든 말려들지 않겠다.'

좋다. 꼭 그렇게 지켜라.

본사의 새 건물 앞에 야생화 화단을 만들어야 하는데, 당신이 여기에 드는 새로운 비용에 관해 재정위원회에 보고서를 제출해야 한다고 가정하자. 재정부에서는 상관도 없는 이야기를 늘어놓으며 오랫동안 애매한 태도를 취할 수도 있다는 사실을 당신은 잘 알고 있다. 예를 들어, 데이지를 심는 것이 더 나을지, 미나리아재비를 심는 것이 더 나을지 따위를 문제 삼을 것이다. 그러면 당신은 씨앗, 잔디 깎는 기계, 건초를 만들기 위한 설비 준비에 필요한 비용만 제출하면 된다. 그리고는 어떤 꽃이 봄에 가장 매력적인지 따위의 사소한 문제로 그들에게 말려들지 말아야 한다. 그러니 목표를 정하라.

'보고서를 제출하고, 일단 그에 대한 논평을 듣고 나면 나는 구실을 만들어 그 자리를 뜰 것이다. 내가 그 자리에 있어야 할 이유가 없는 문제들을 위원회가 계속 거론하면 나와는 상관없는 문제라고 단호히 지적하고 그곳을 떠나겠다.'

좋다. 꼭 그렇게 지켜라.

직장 생활의 모든 분야에 대해 목표를 세우고, 그것을 이용하라. 그렇게 하는 데 겨우 몇 초의 시간이 필요할 뿐이지만, 다음과 같은 점들을 밝히는 데 상당한 도움이 된다.

- 무엇이 잘못되었는가?
- 잘못된 점에 대한 해결책
- 잘못된 점을 수정하는 데 필요한 조치
- 그런 문제의 재발을 예방하는 방법

> "목표를 정하지 않는다면
> 성공이나 승진은 거의 불가능하다."

3.6 자신의 역할을 파악하라

당신의 역할은 무엇인가? 당신이 업무를 처리하고, 어떤 기능을 이행하고, 특정 임무를 수행하고, 일정한 절차를 따르는 등의 일을 하기 위해 그곳에 있다는 건 알고 있다. 그러나 당신의 역할은 무엇인가? 이것은 행동 방침을 정하는 것과 조금 비슷하다. 행동 방침은 당신이 어떤 태도를 지닌 직장인이 될 것인가를 약술한다. 그리고 역할이란 일을 순조롭게 진행시키기 위해 당신이 어떤 촉매제가 될 것인가에 관한 것이다. 당신은 아이디어맨이 될 것인가? 조정자? 의사 소통 전달자? 외교가? 업무의 대가? 자극제? 기본적으로 당신의 역할이란 그 팀에 조화되는 것이다. 그렇다. 우리는 모두 팀 플레이어이다. 그러므로 우리는 이 시대에 적응하며 살아야 한다.

메레디스 벨빈 박사는 사람들의 강점을 향상시키기 위해 팀워크의 본질 연구에 20여 년을 보냈다. 그리고 뚜렷하게 구별되는 9가지의 팀 역할을 밝혀 냈다.

- 공장: 독창적인 사고자들이다. 새로운 아이디어를 만들어 낸다. 문제에 대한 해결책을 제시한다. 급진적이고 색다른 방식으로 다각적이고도 상상력이 풍부한 생각을 한다.
- 자원 연구자: 창의적인 사람들이다. 아이디어를 받아들이고 실행한다. 외향적이고 인기가 있다.
- 코디네이터: 매우 원칙적이고 자제력이 강한 사람들이다. 목적에 집

중할 수 있는 능력이 있다. 팀을 통합하는 역할을 한다.

- 구성자: 업적 달성 지향적이다. 도전하는 것과 결과를 만들어 내는 것을 좋아한다.
- 모니터 평가자: 분석하고, 균형을 잡고, 저울질한다. 침착하고 초연하다. 객관적인 사고를 한다.
- 팀 워커: 다른 사람들을 지원하면서 협조적인 태도로 일한다. 팀을 위해 최선인 것만을 원하기 때문에 훌륭한 외교가 역할을 한다.
- 실행자: 훌륭한 조직 능력을 갖추고 있다. 상식을 발휘하고, 일이 이루어지도록 만드는 것을 좋아한다.
- 완성자: 세부 사항을 점검한다. 세부 사항을 찾아내 깔끔하게 처리한다. 매우 신중한 사람들이다.
- 전문가: 전문 기술을 습득하는 데 전념한다. 그러므로 극도의 전문성을 띠고 있다. 추진력과 헌신적인 태도를 가지고 있다.

그렇다면 당신은 어떤 사람인가? 팀 내 당신의 역할은 무엇인가? 당신은 자신의 역할에 만족하는가? 그 역할을 바꿀 수 있는가?

> "기본적으로 당신의 역할이란
> 그 팀에 조화되는 것이다.
> 그렇다. 우리는 모두 팀 플레이어이다.
> 그러므로 우리는 이 시대에 적응하며 살아야 한다."

3.7 자신의 강점과 약점을 파악하라

당신이 법칙의 선수라면 자신에 관해 놀라울 정도로 객관적이어야 한다. 하지만 그렇지 못한 사람들이 많다. 그들은 남들이 보는 것만큼 충분히 객관적이거나 명확하게 자신을 볼 수 없다. 이것은 남들이 우리를 어떻게 보느냐의 문제일 뿐만 아니라 우리가 자신을 어떻게 보느냐의 문제이기도 하다. 우리는 모두 자신에 대한 정신적 이미지를 가지고 있다. 우리가 어떻게 보이는지, 우리가 하는 말이 남들에게 어떻게 들리는지, 우리를 움직이게 만드는 것이 무엇인지, 우리가 어떻게 일하는지 등에 관한 것이다. 그러나 이런 이미지가 얼마나 현실적일까? 나는 내가 창의적이고도 기발하게 일한다고 생각한다. 그러나 남들은 내가 정신없고 체계적이지 못하다고 생각한다. 어느 쪽이 사실일까? 어느 것이 진실일까?

자신의 강점과 약점을 알기 위해 당신은 우선 자신의 역할을 이해해야 한다. 즉, 자신이 일하는 방식을 이해해야 한다. 내 경우, 창의적인 면을 강점으로 생각할 수도 있다. 멋진 아이디어를 수없이 많이 생각해 내고, 세세한 부분에 대해서는 주목하지 않고, 새로운 프로젝트를 만들어 내고, 그러면서 그런 프로젝트들을 꿰뚫어 보거나 실제로 작업하지는 않는다. 이런 점들이 정말 모두 강점일까? 완성자나 실행자의 역할을 맡고 있다면 그런 점들은 오히려 약점이 될 것이다. 여기에서의 강점은 인내심, 근면성, 끈기, 예측 능력, 순응력, 꾸준함, 정연함 등이 될 것이다. 정말 이런 점들이 약점일까? 강점과 약점에 관해 주관적인 판단을 내리기 전에 당신은 먼저 자신의 역할을 알아야 한다.

의심이 생긴다면 목록을 만들어라. 이것은 내가 늘 하는 말이다. 자신의 강점과 약점이라고 생각되는 것들을 기록하라. 이 목록을 다른 직장에서 일하는 가까운 친구에게 보여 주고 객관적인 평가를 부탁하라. 이제 이 목록을 같은 직장에서 일하는 동료 중 믿을 만한 사람에게 보여 주어라. 당신이 진실에 얼마나 가까운지에 대한 그들의 평가에 차이가 있는가? 장담컨대 큰 차이가 있을 것이다. 당신이 친구들과의 관계에 사용하는 특별한 스킬과, 직장 동료들과의 관계에 사용하는 스킬이 다르기 때문이다.

이 법칙은 자신의 강점과 약점을 아는 것에 관한 법칙일 뿐 그런 점들을 개선하거나, 제거하거나, 해결하거나, 어떤 방법으로든 바꾸기 위한 법칙은 아니다. 지금의 우리는 우리이고, 이것이 바로 우리가 작업을 시작해야 할 부분이다. 당신은 무질서하고, 변덕스럽고, 예측할 수 없는 사람일 수도 있다. 이것이 좋은 것일까, 나쁜 것일까? 모든 것은 당신의 역할에 달려 있다. 강점과 약점을 보다 잘 적용시키기 위해 당신은 역할을 바꿀 필요가 있을지도 모른다.

자신의 강점과 약점을 알아내면 나쁜 점은 버리고 좋은 점만 살리게 될 거라고 생각하는 사람들이 많다. 하지만 그렇지 않다. 이것은 치료 요법이 아니다. 이것은 현실 세계이고, 우리는 모두 약점을 가지고 있다. 해결 방법은 결점을 없애고 완벽해지기보다는 오히려 그것에 순응하는 법을 배우는 것이다. 완벽해진다는 것은 비현실적이며, 비생산적이다.

당신은 약점을 좀더 잘 이용할 수 있을 것이다. 그렇게 된다면 약점은 강점이 될 것이다. 이것에 관해 잘 생각해 보라.

3.8 중요한 시기와 사건을 간파하라

코브라에게는 파워와 독과 에너지가 많다. 그러나 코브라가 공격하는 것을 자주 볼 수는 없다. 그런 경우는 드물다. 코브라는 모든 파워와 에너지를 다음과 같은 경우에만 사용한다.

- 적절한 때
- 의미가 있을 때
- 유리할 때
- 이득이 될 때
- 필요할 때
- 중요할 때

코브라는 위험에 처하거나 먹이가 필요할 때 공격한다. 그 외의 경우에는 코브라가 그곳에 있는지조차 알 수 없으며, 또 코브라처럼 보이지도 않는다. 코브라는 필요한 경우 외에는 우산 모양의 목을 보이지 않는다. 당신은 코브라가 될 것이다. 필요하지 않을 때 모든 에너지와 파워를 사용하는 것은 소용없는 짓이다. 당신이 해야 할 일은 중요한 시기와 이벤트를 간파해 내는 것이다. 그때 공격하라.

코브라의 중요한 시기와 중요한 사건을 알아내기란 매우 간단하다. 위협이 닥칠 때와 배가 고플 때이다. 하지만 당신의 경우는 어떤가? 훨씬 어렵다.

동료 몇 명이 본 다음 잊혀지게 될 보고서를 작성하느라 밤을 새는 것은 별 소용이 없는 일이다. 경영 간부에게 직접 가게 될 중요한 보고서가 생길 때까지 기다려라. 그때가 바로 코브라의 공격력을 발휘할 때이다.

　　물론 중요한 시기를 기다리는 사람은 많다. '중요한 시기'란 사무실 파티, 올림피아 전시회, 왕가(王家) 방문 등이다. 하지만 이런 때 그들은 완전히 망가진다. 술에 취하거나, 대사를 잘못 외거나, 늦거나, 아프거나, 바지 지퍼를 올리지 않거나, 타이츠를 니커 바지 뒤쪽에 쑤셔 넣은 채 나타난다.

　　그렇다면 중요한 사건이란 무엇인가? 프레젠테이션이 좋은 예가 된다. 멋지게 해내면 사람들의 기억에 남게 될 것이다. 반대로, 잘하지 못하면 당신은 잊혀진다.

　　실수하지 마라. 중요한 시기와 사건을 간파하여 돋보이도록 하라. 적절한 때에 코브라가 되어 공격하라.

> "실수하지 마라.
> 중요한 시기와 사건을 간파하여 돋보이도록 하라.
> 적절한 때에 코브라가 되어 공격하라."

3.9 위협을 예견하라

위협은 매일 모든 곳으로부터 다가온다. 해고, 구조 조정, 인수, 악의에 찬 동료, 화를 잘 내는 상사, 새로운 첨단 기술, 새로운 시스템, 새로운 절차 등과 같은 위협들이다. 사실 모든 책이 위협에 대비하라고 쓰고 있으며, 대부분이 변화로부터 오는 위협에 관해 이야기하고 있다. 예를 들면 「Who Moved My Cheese」나 「How To Handle Tough Situations At Work」와 같은 책들이다. 머리 회전이 빠르고, 상투적인 방법에서 벗어나 있으며, 탄력적으로 재빠르게 움직이고, 유연하게 대처하고, 끝까지 해낼 수 있다면 우리는 변화에서 살아남을 수 있을 뿐만 아니라 최고의 곡예사나 운동 선수가 될 수도 있을 것이다. 물론 그 모든 것을 다 할 수는 없다. 위협이 우리를 압도하여 짓눌릴 수도 있다. 이런 일은 우리 모두에게 일어난다. 인생은 표적의 중심부에 서 있는 우리를 향해 총을 쏜다. 우리는 이 사실에서 벗어날 수 없으며, 이것을 피할 시간도 거의 없다.

그러나 위협은 항상 그렇다. 일단 위협이 현실로 닥치면 우리는 그것에 대처할 수 있다. 여전히 위협이긴 하지만, 두려움을 불러일으킬 수는 있어도 우리에게 해를 끼칠 수는 없다. 어떤 위협이 현실화될 것인지 알아내는 것이 바로 기술이다. 이것은 재능이라고도 할 수 있다. 많은 위협이 도사리고 있지만, 우리는 모든 위협에 다 대응할 수는 없다. 실지로 발생하는 경우는 더 적으므로, 우리는 그것에만 대응해야 한다.

위협을 위협으로 보지 않고 오히려 기회로 여기면 도움이 된다. 실지로 발생하는 각각의 위협은 성장과 변화를 위한 기회이며, 방법과 경영

스타일을 개조하고 재가공할 기회가 된다. 긍정적인 태도를 가진 사람은 위협을 부정적으로 받아들이기보다는 긍정적인 것으로 받아들이는 경향이 있다. 위협은 우리 자신을 증명할 기회를 제공해 준다. 도전받지 않는다면 우리는 결코 발전하지 못할 것이다.

한때 다른 회사에 인수된 회사에서 매니저로 일한 적이 있었다. 새로운 상사들이 자사 매니저들을 데리고 왔고, 우리 세 사람은 강등되었다. 계급이 내려간 것이다. 우리에게는 직장을 그만두는 것 외에는 아무런 선택권도 없었다. 이 무렵 나는 열정적인 법칙의 선수가 되어 있었고, 따라서 이것을 하나의 기회로 보았다. 새로운 상사들에게 내가 그들의 매니저 중 한 사람이 되기에 충분하다는 점을 증명해 보이기로 마음먹었다. 그리고 석 달 후, 나는 다시 제 위치로 올라갈 수 있었다.

나머지 두 사람 중 하나는 결국 회사를 그만두었고, 하나는 강등된 상태로 지냈다. 두 사람 모두 불평하고 투덜거렸으며, 그런 조치가 치욕스럽고 위신을 떨어뜨리는 일종의 모욕이라고 느꼈다. 아마도 그렇게 느껴졌을 것이다. 하지만 나는 침울해질 필요가 없었다. 나는 다시 그 위치로 올라갈 필요가 있었고, 또한 그 위로 계속해서 올라가야 했다.

> "실지로 발생하는 각각의 위협은
> 성장과 변화를 위한 기회이다."

3.10 기회를 찾아라

　나는 앞에서 계획을 가지라는 말을 했었다. 장기적인 계획과 단기적인 계획을 모두 가지라고 말했었다. 그러나 그런 계획들을 창문 밖으로 내던져야 할 때가 닥친다. 그것이 바로 기회이다. 내 친구 중 하나는 계획한 만큼 승진이 특별히 빠르지 못한 상황에 있었다. 어느 날 그는 우연히 사장과 같은 기차 칸에 타게 되었다. 이것이 그의 기회였다. 말실수를 하거나, 멍청이같이 굴거나, 너무 당황하고 초조해서 그 기회를 놓칠 수도 있었다. 그러나 그는 그렇게 하지 않았다. 정도를 완벽하게 조절해 냈다. 그가 한 일이라고는 형식에 구애받지 않는 태도를 취하면서도 사장이 마땅히 받아야 할 존경의 태도를 지키며 한담을 나눈 것뿐이었다. 또한 회사의 역사, 강령 및 전반적인 목표에 관해 예리하게 파악하고 있음을 보여주었다. 그는 점잖고 스마트하며 말을 잘했다. 자신의 생각을 명확하고 상세하게 표현했으며, 무엇보다도 자신의 장점을 눈에 띌 정도로 강조하지는 않았다. 그는 언제 말을 그만두어야 할지, 언제 물러서야 할지를 잘 알고 있었다. 그것은 확실히 효과가 있었다. 그의 부서장은 사장에게 "자네 부서에 똑똑한 젊은이가 있더군. 그를 약간 진급시켜 주게."라는 말을 들었던 것이다. 부서장은 그를 승진시킬 수밖에 없었다.

　이런 것이 바로 '기회'를 잡는 것이다. 이것을 당신의 계획에 끼워 넣을 수는 없다. 하지만 이런 순간은 오기 마련이다. 그 기회가 왔을 때 당신이 명심해야 할 일은 다음과 같은 것들이다.

- 기회를 알아차린다.
- 그 기회를 잘 활용한다.
- 침착하고 초연해진다.

그리고 금기 사항은 다음과 같은 것들이다.

- 바람처럼 휙 지나가는 기회를 알아차리지 못한다.
- 당황한다.
- 도에 지나친 행동을 한다.
- 너무 흥분한 나머지 자신을 멍청이로 만들어 버린다.

　기회를 공으로 보는 방법을 익혀라. 일단 공이 당신 쪽으로 날아오면 그것을 낚아챌 시간은 0.5초밖에 없다. 물어보거나 돌아보거나 손익을 따져 볼 시간이 없다. 공을 낚아채든지 혹은 놓치든지 둘 중 하나이다.

　당신이 어떤 기회를 놓쳤는지 잠시 돌아보라. 그런 기회가 다시 온다면 어떻게 하겠는가? 이제 다르게 대응할 수 있겠는가? 당신이 무엇을 잘못했었는지 생각해 보라.

> "기회를 공으로 보는 방법을 익혀라.
> 일단 공이 당신 쪽으로 날아오면
> 그것을 낚아챌 시간은 0.5초밖에 없다."

RULE 법칙 4

좋은 말을 할 수 없으면 입 다물고 있어라

이 것은 이해하기는 정말 쉬워도 지키기는 힘든 법칙이다. 우리는 모두 수다 떨고, 불평하고, 사장 등 뒤에서 그에 관해 수군거리기를 좋아한다. 그러나 이 법칙은 그렇게 하지 말라고 강조한다. 긍정적이고, 듣기 좋고, 칭찬하는 말만 하는 법을 배워라. 사람들은 말하는 태도뿐 아니라 말의 내용으로도 당신을 판단한다(법칙 2). 따라서 늘 유쾌하고 낙관적인 사람으로 알려지도록 해야 한다.

4.1 남의 뒷말을 하지 마라

"지난번 회의 때, 회계부의 스티브가 일요일 아침 일찍 마케팅부의 데비 방에서 나오는 걸 봤다고 말하는 사람이 있던데, 그 얘기 들었어? 점심 시간에 둘이 루이기 식당에 있는 걸 본 사람들도 있는데, 그 후로도 2번이나 더 그랬다지? 캐시는 두 사람이 엘리베이터에서 손을 잡고 있는 걸 봤다고 하고. 스티브는 기혼자이고, 데비는 약혼했잖아. 어떻게 생각해? 그 두 사람, 계속 그래도 되는 거야?"

대답은 "그게 나와 무슨 상관이 있어?"이다.

그렇다. 그건 당신과 전혀 관계가 없다. 스티브가 당신의 상사인데 그의 업무에 지장을 받고 있다거나, 당신이 데비의 약혼자가 아니라면 말이다. 이 법칙에 따르면 당신은 남의 뒷말을 하지 말아야 한다. 그렇다고 그런 말을 듣지도 말라는 건 아니다. 그런 얘기가 흥미로울 수도 있고, 사내에서 어떤 일이 벌어지고 있는지 알고 있는 것이 때로는 도움이 될 수도 있기 때문이다. 그러나 이 법칙의 일부는 극히 간단하다. 어떤 얘기도 남에게 퍼뜨리지 말라는 것이다. 바로 이것이다. 남의 뒷말을 하지 마라. 듣기만 할 뿐 그것을 퍼뜨리거나 의견을 제시하지 않는다 해도 당신은 흥을 깨는 사람이라기보다는 '우리 중 한 사람'으로 보일 것이다. 그런 얘기를 받아들일 수 없다는 듯한 태도를 보일 필요는 없다. 단지 어떤 말도 남에게 퍼뜨리지 마라.

남의 뒷말을 하는 것은 할 일 없는 사람들이 하는 짓이다. 할 일이 충분하지 않거나, 혹은 아무 생각 없이도 할 수 있는 일을 맡고 있는 사람들이 하는 짓이다. 그들은 생각 없이 일을 처리할 수 있기 때문에 공허한 수다, 잡담, 뜬소문, 거짓말, 악의에 찬 스토리로 머릿속을 꽉 채워야 한다. 문제는 그들 사이에 끼지 않으면 당신은 매몰차고 거만하게 보일 수도 있다는 점이다. 따라서 남의 뒷말을 하지 않으면서도 마치 하고 있는 것처럼 보여야 한다. 거만한 태도로 사람들에게 그들이 얼마나 한심한 짓을 하고 있는지 말하지 마라.

대부분의 일에서 분별력이 바로 키워드가 된다. 그런 얘기를 부정적으로 생각하는 듯 보이지 않도록 하라. 그저 아무 말 없이 듣고는 혼자 간직하라.

> "이 법칙의 일부는 극히 간단하다.
> 어떤 얘기도 남에게 퍼뜨리지 말라는 것이다."

4.2 불평하지 마라

그렇다. 인생은 공정한 것이 아니다. 때로는 동료들의 책임 회피로 결국 당신이 일을 더 해야 하는 경우도 있다. 상사가 일에 대한 준비가 부족한 경우도 있고, 무능력할 수도 있으며, 일관성이 없는 경우도 많다. 당신 주변에 있는 모든 멍청이들이 승진될 수도 있다. 업무가 과도할 수도 있다. 한심한 시스템이 너무 많을 수도 있다. 멍청이들이 매번 당신에게 훼방을 놓을 수도 있다. 이것이 현실이다. 인생은 정말 불만투성이이다.

불평하는 것이 이런 시나리오들 중 어떤 식으로든 도움이 될 경우가 있는지 말해 보라. 불평이 어떤 방식으로든 한 가지라도 바꿀 수 있는지 말해 보라. 그렇지 못하다. 불평은 어떤 것도 바꾸어 놓지 못한다. 불평은 할 일이 충분하지 못한 불쌍한 사람들이 발명해 낸 시간 낭비 고안물이다. 대개의 경우 그들은 남의 뒷말을 하는 사람들과 어울려 지낸다. 혹은 동일 인물일 수도 있다. 보나마나 뻔하다. 그들은 실컷 불평을 늘어놓고 난 다음 남의 뒷말을 한 보따리 풀어놓기 마련이다.

불평하는 것은 정말 소용없는 짓이다. 비생산적이기도 하거니와 얻는 것이 아무것도 없기 때문이다. 불평해 보았자 다음과 같은 결과만 얻게 될 뿐이다.

- 자신이 할 일 없고, 좀스럽고, 비열한 사람이라는 점을 드러내게 된다.
- 입의 한쪽 끝이 아래로 처지게 된다. 따라서 전혀 매력적이지 못하다.
- 시간 낭비를 하게 된다.

- 다른 불평자들과 어울리게 된다.
- 생산적이거나 도움이 될 만한 그 어떤 것도 제시하지 못하는 사람으로 평판이 나게 된다.
- 의욕을 상실하게 되고, 결국 이것의 악순환이 나타나게 된다.

만일 당신이 습관적으로 불평을 늘어놓는 사람이라면 이제 어떻게 해야 할까? 간단하다. 불평을 할 때마다 그 불평의 대상에 대해 스스로 해결책을 만들어 내도록 하라. 해결책을 만들어 낼 수 없다면 당신은 불평할 자격이 없다. 몇 주 동안 그렇게 노력해 보라. 아주 자연스럽게 불평을 그만두게 될 것이다.

남에 대한 불평은 장본인이 없는 자리에서 하게 된다. 다음에 누군가에 관해 불평하고 싶어지면 그 사람의 면전에 가서 불평하라. 그 사람이 앞에 없으면 하지 마라. 간단한 법칙이지만 매우 효과적이다. 일단 본인이 눈앞에 있으면 당신은 불평을 하지 않게 되고, 사무실 사람들 모두를 불편하게 만들게 되므로 불평을 계속하기가 어렵게 된다. 할 말이 있으면 본인 앞에서 하라. 그러나 먼저 이 법칙의 서론을 읽어 보라. '좋은 말을 할 수 없으면 입 다물고 있어라'라고 되어 있다.

> "불평하는 것은 정말 소용없는 짓이다.
> 비생산적이기도 하거니와
> 얻는 것이 아무것도 없기 때문이다."

4.3 남을 옹호하라

모두 둘러앉아 커피를 마시다가 아담에 관한 이야기가 주제로 떠올랐다. 아담이 엉덩이에 난 종기 같은 존재라는 사실은 모두가 알고 있었다. 그는 자기 임무를 다하지 않고, 태만하고, 회사의 펜과 클립을 훔쳐가고, 경비원들에게 무례하게 굴고, 항상 되도록 남에게 일을 떠맡기고, 자신의 실수를 남의 탓으로 돌리고, 전반적으로 남에게 불쾌함을 주는 인물이었다. 이 때문에 사람들은 그가 없는 자리에서 그에 관해 불평하며 마음속에 있는 수많은 분노를 토로한다. 그러나 당신만은 그러지 마라. 남들 모두가 불평한다 해도 지금부터라도 당신만은 그래서는 안 된다. 이제 당신은 법칙의 선수이므로 다른 사람을 옹호해야 하는 것이다.

아담이 아무리 불쾌해도 당신은 늘 무언가 좋은 점을, 진심으로 그렇게 생각되는 점을 찾아내서 말해야 한다. 이것이 당신의 목표이다. 어떤 점이든 좋게 말해 줄 만한 것을 찾아내라.

처음에는 매우 힘이 들 것이다. 하지만 계속 노력하다 보면 차츰 쉬워진다. 이것은 습관과 정신 자세의 문제이다. 불평하는 데 익숙해 있으면 그것이 바로 그 사람의 행동이 된다. 따라서 접근 방법을 바꾼다면 좀더 긍정적이 될 수 있다. 그러나 이런 변화를 이루어 내려면 우선 어느 정도의 노력이 필요하다.

무엇이든 남을 옹호하고 나서면 당신은 늘 모든 사람에 관해 장점을 찾아내는 사람이라는 평판을 얻게 된다. 그렇게 되면 당신이 불만스럽게 생각할 만한 사람들도 모든 직원들 중에서 당신만큼은 늘 자기편에서 싸워

줄 것임을 알게 된다. 그렇게 되면 인기 없는 팀원들에게 당신은 수호천사와 같은 존재가 되며, 그들로부터 무언의 충성을 얻게 된다.

다소 낯선 관계이긴 하지만 이것은 놀라운 효과를 발휘한다. 이들은 비상사태가 발생할 경우 당신을 지원해 줄 사람들이다. 누군가 당신을 괴롭히려 들 때 그 사실을 당신에게 알려 줄 것이며, 당신에게 장애가 되는 것이라면 모두 제거해 줄 것이다. 당신이 그들을 돌보고 있음을 알기 때문이다. 그들은 당신에게 도움이 필요할 때 도움을 청할 수 있는 사람들이 되어 줄 것이다.

당신이 정말 좋은 사람이라는 소문은 엄청나게 빠른 속도로 퍼진다. 당신은 불평하지 않고, 소외된 사람들을 옹호하고, 남들을 지원해 주고, 완전히 썩어 버린 사과에서도 한 가지 좋은 점을 찾아낼 수 있는 사람이라고 소문날 것이다.

이것은 반드시 정직하고도 진지한 태도로 행해야 한다. 거짓말을 하거나 꾸며 내는 건 소용없다. 처음에 긍정적으로 말해 줄 만한 것을 찾을 수 없다면 아무 말도 하지 마라. 그러나 무엇이건 좋은 점은 있기 마련이다. 완전히 악당이기만 한 사람은 아무도 없다.

다시 아담의 이야기로 돌아가자. 당신은 뭐라고 말하겠는가? 우선은 그가 커피를 맛있게 탄다는 점을 지적할 수 있을 것이다. 아니면 늘 시간을 잘 지킨다고 말할 수도 있다. 화가 난 고객을 다루는 데 능숙하다고 할 수도 있고, 뛰어난 유머 감각을 지녔다고 할 수도 있다. 크리켓 스코어에 대해 잘 알고 있다고 얘기할 수도 있다. 늘 "하지만 그는 ~하기 때문에 좋다."라고 말하기만 하면 된다.

4.4 진심으로 남을 칭찬하라

이 법칙의 성공 비결은 '진심으로' 라는 말에 담겨 있다. 입발림을 하거나 거짓말을 해서는 안 되며, 경박하거나 부정직하거나 불성실한 태도로 칭찬해서는 안 된다. 칭찬은 사실이어야 하며, 진솔하고 편견이 없고, 의미가 있어야 한다.

'칭찬하는 사람' 이 되려면 신중해야 한다. 당신은 비열한 인간이나 겁쟁이처럼 보이고 싶지는 않을 것이다. 하지만 칭찬을 잘하는 사람은 결국 그렇게 보이게 될 가능성이 많다. 하지만 당신은 정말 따뜻하고 친근한 사람으로 통하기를 진심으로 바랄 것이다.

그러려면 어떻게 해야 할까? 그렇게 해야 하는 이유는? 당신이 정중한 태도로 사람들을 칭찬한다면 사람들은 당신을 굉장히 좋게 생각할 것이고, 사무실 분위기도 좋아질 것이다. 이를 실천하는 가장 좋은 방법은 순수해지는 것이다. 당신은 그저 "당신 머리 모양이 정말 마음에 드네요." 라고 말한 다음, 칭찬 내용과는 상관없이 그것에 관한 질문을 하나 던지기만 하면 된다. 질문 내용은 '어떻게 해서 그렇게 된 건지' 에 관한 것으로 한다. "그래, 누가 머리를 잘라 주었나요?" "당신이 그 고객을 대하는 방식이 정말 좋았어요. 어떻게 그런 말을 했지요?" "당신 보고서가 참 좋았어요. 이사회에서는 어떻게 받아들이고 있을까요?"

과도한 표현을 쓰지 않도록 하라. 'love' 대신 그저 'like' 라고만 말하라. 당신이 다른 사람의 새 코트를 '사랑한다' 고 표현하면 코트와 결혼해서 아기를 낳고 싶다는 얘기가 되어 버린다. 코트나 보고서나 헤어스타일이나 고객을 다룰 때에는 적절하지 않은 말인 것이다.

만일 어떤 것이 마음에 든다면 부담 없이 그렇다고 말하라. 다음과 같이 말함으로써 당신이 그것을 얼마나 마음에 들어 하는지 강조할 수 있다.

- "난 정말 ~가 맘에 들어요."
- "~가 맘에 든다고 말하지 않을 수 없군요."

반드시 '마음에 든다'라고만 해야 할 필요는 없다. 다음과 같은 말로 시작해도 꽤 좋을 것이다.

- "~에 감명을 받았어요."
- "당신이 ~을 정말 잘 해냈다고 생각해요."
- "당신이 ~을 한 방식은 정말 훌륭했어요."
- "당신의 프레젠테이션은 정말 흥미로웠어요. 아주 특별하더군요."

남을 칭찬할 때는 반드시 상대를 희롱하거나 강한 인상을 주기 위함이 아니라는 점을 확실히 해야 한다. 직업적인 내용, 일과 관련된 내용으로 칭찬하라. 사실 당신에게 이런 충고까지 할 필요는 없다고 확신하지만.

4.5 밝고 긍정적인
태도를 지녀라

매일 아침 긍정적인 태도로 회사에 출근한다면 스트레스와 문제점, 골 칫거리 따위에 전혀 영향을 받지 않는 사람이라는 인상을 주게 된다. 당 신은 자제력이 강하고, 부드러우며, 느긋하고, 자신감 있고, 매우 성숙한 사람으로 평판날 것이다. 당신의 자리로 가는 동안 'Moon River' 의 몇 소절을 휘파람으로 불기만 하면 된다.

항상 밝은 태도를 가져라. 밖에는 비가 내리고, 어둡고 침울한 겨울 오 후이다. 사업은 잘 안 되고, 금리는 다시 올라가고, 상사는 기분이 매우 나빠 보이고, 모두가 머리를 숙이고 있다. 이런 조건이라도 당신이 미소 를 잃어버릴 이유는 되지 못한다. 오늘은 재수 없는 날이다. 하지만 오늘 역시 지나갈 것이고, 태양은 다시 떠오르게 되어 있다. 당신을 둘러싼 상 황이 어떻든 간에 그것은 좋아지기 마련이다.

밝고 긍정적인 태도를 유지하는 것은 일종의 마술이다. 하지만 처음부 터 이것을 믿어야 할 필요는 없다. 그냥 그렇게 하면 된다. 연기하라. 가 장하라. 그러나 그렇게 하라. 잠시 후 당신은 그것이 연기가 아니라는 것 과, 자신이 가장하고 있는 게 아니라는 사실을 깨닫게 될 것이다. 그리고 정말로 밝은 기분을 느끼게 될 것이다. 이것은 하나의 마술이다. 당신은 다른 사람이 아닌 자신에게 마술을 거는 것이다. 미소를 띠면 호르몬이 생성된다. 이 호르몬은 기분을 더 좋게 만들어 준다. 일단 기분이 좋아지 면 당신은 더욱 미소를 짓게 되고, 호르몬도 더 많이 생성된다. 필요한 것 이라고는 처음 며칠 동안은 그럴 기분이 아니더라도 미소를 띠는 것이다.

그러면 '기분이 더 좋아지는' 사이클이 계속 돌아가도록 만들 수 있다.

일단 당신이 밝고 긍정적인 사람으로 알려지면 사람들은 더욱 당신과 어울리고 싶어한다. 명랑한 사람만큼 매력적인 이는 없으니까.

직장에 약간의 꽃을 가져와 당신의 책상을 밝게 꾸며라. 휘파람을 불고, 미소 짓고, 웃어라. 마음속으로는 최악의 기분이라는 사실을 절대 드러내지 마라. 그렇게 하기는 아주 쉽다. 즉, 누군가가 "안녕하세요?"라고 인사하면 "네, 안녕합니다. 불평할 수도 없고, 투덜거리면 안 되고, 계속 발버둥질하며 일해야 한다고 생각하거든요."라고 대답하는 것이다. 이것은 진부한 행동이며, 습관이다. 대신 "좋습니다. 정말 좋아요. 잘 되어 가고 있습니다."라고 대답해라. 여기에 당신 자신에게 거는 마법의 주문이 있다.

누군가가 더 많은 일을 당신에게 가져온다. 그것은 피할 수 없는 일로, 당신 업무의 일부이기도 하다. 하지만 마침 터널 끝의 희미한 불빛이 보인다고 생각하던 순간이었다. 당신은 이렇게 말하기 쉽다. "오, 안 돼요. 더 이상은 피를 짜내는 일을 주지 마세요. 내가 얼마나 바쁜지 안 보이나요? 이건 정말이지 너무 많네요." 하지만 그 일이 피할 수 없는 것이라면 투덜거려 보았자 바뀌는 건 하나도 없다. 당신은 "좋아요. 전부 거기에 내려놓으세요. 잠시 후에 처리할게요. 감사합니다."라고 말할 수도 있을 것이다. 왜 전달하는 사람을 꾸짖는가? 그 사람이 당신을 골탕 먹이려고 일을 더 만들어 낸 것도 아닌데 말이다. 추가로 해야 할 일이 있다는 것은 정말 부담스러운 일이다. 그래서? 그러니까 명랑하게 그 일을 처리하라. 불평하고 투덜거리며 보내는 매 순간마다 당신의 인생이 낭비된다. 명랑하고 긍정적인 태도로 보내는 매 순간만큼 인생을 더 사는 셈이 된다. 선택은 당신이 하라.

4.6 질문하라

질문을 하는 목적은 인기를 얻고, 승진 가능성을 높이고, 성공하고, 완벽하게 좋은 사람이 되고, 능률적으로 되기 위해서이다. 이렇게 하는 가장 쉬운 방법 중 하나는 질문하는 습관을 갖고, 연습하는 것이다. 그렇다면 어떤 질문을 할 것인가? 그것은 상황에 따라 다르다. 예를 들면 '법칙 4.4: 진심으로 남을 칭찬하라'에서와 같이 칭찬한 뒤에는 그에 관한 질문을 하는 것이 효과적임을 알 수 있었다. "당신의 프레젠테이션이 정말 마음에 들었어요. 당신, 정말 놀라울 정도로 침착하던데요. 어떻게 하면 떨지 않을 수 있지요?"라든가 "송장을 처리하는 당신의 새로운 방법이 맘에 들어요. 어떻게 그런 생각을 해냈어요?"라고 한다.

질문을 하는 것은 당신이 관심을 가지고 있으며, 사려 깊고 지적이며 창의적이라는 사실을 드러내 보이는 것이다. 멍청한 사람들은 질문을 하지 않는다. 지루해 하는 사람들도 질문을 하지 않는다. 게으른 사람들 역시 질문을 하지 않는다. 어떤 질문을 할 수 있겠는가?

호전적인 사람들은 "나는 그 아이디어가 마음에 들지 않습니다. 그건 실효성이 없어요."와 같은 식으로 말하는 경향이 있다. 하지만 법칙의 선수들은 질문을 한다. 법칙의 선수들은 이를 다른 방식으로 다룬다. "이 아이디어에 관해 좀더 정보가 필요할 것 같습니다. 왜 그것이 실효성이 있을 거라고 생각하십니까? 속달로 보내면 주문 증가분을 처리할 수 있을까요? 우리가 그 일을 처리할 추가 인원을 충분히 공급할 수 있을까요? 우리 모두 돌아가서 심사숙고해 보는 것이 좋을 것 같습니다. 다른 분들은 어떻게 생각하십니까?"라고 말한다. 당신은 그 아이디어가 말썽을 일으킬 것이라고 말하지는 않았지만, 사람들은 당신이 그렇게 생각하고 있음을 안다. 하지만 그들은 당신이 정말 좋은 사람이라는 것도 알고 있다. 당신은 동료들 앞에서 그를 난처하게 만들기는커녕 그가 원한다면 충분히 매달릴 수 있는 구원의 밧줄을 내주었고, 빠져나갈 출구도 마련해 주었다. 돌아가서 그것에 관해 좀더 생각해 보자는 것은 다시는 듣지 말자는 것과 같은 말이다. 극히 외교적인 말투인 것이다.

질문을 하는 것은 일반적으로 아주 좋은 것이다. 그렇게 함으로써 당신은 동료들에게 관심이 있음을 표현할 수 있다. 그러나 진심에서 우러난 진지한 질문, 질문할 만한 가치가 있는 질문, 친절한 질문을 하라. "도대체 그 코트를 어디서 산 거죠? 그게 당신한테 어울린다고 생각해요?"라는 질문은 정말 한심한 질문이다. 그 코트가 정말 끔찍하게 마음에 안 든다면 그 코트에 대해서는 차라리 아무 생각도 하지 않는 편이 훨씬 낫다. 그 대신 일에 관해 질문하라. "당신은 어떻게 송장을 늘 신속하게 처리하세요? 우리가 모르는 어떤 비결이 있는 것 아닙니까?"라고 질문하는 것이다.

'아주 매스꺼운 사람일지라도 무언가 좋은 점 한 가지는 찾아낼 수 있다.'고 했던 것처럼, 누군가가 한 일에는 당신이 질문할 만한 무언가가 있기 마련이다. 혹은 그들의 취미 생활이나 사회생활, 가족에 관해 질문할 수도 있다. "댁의 자녀들은 잘 지내죠?"와 같은 간단한 질문도 사람 사이의 벽을 허물고 당신을 좋은 사람으로 보이도록 해준다. 질문은 대화를 시작할 수 있게 해주고, 유쾌한 분위기를 연출해 주며, 매일 함께 일하는 사람들 사이에 친밀감을 형성시킨다. 이것은 반드시 정직하고 진지한 태도로 실행해야 한다. 거짓말을 하거나 꾸며 내는 건 소용없다. 긍정적으로 말해 줄 만한 것을 찾을 수 없다면 아무 말도 하지 마라. 그러나 무엇이건 좋은 점은 있기 마련이다. 완전히 악당이기만 한 사람은 아무도 없다.

'부탁합니다'와
'고맙습니다'라는 말을 사용하라

이런 말들은 매우 당연하고 기본적인 것이기 때문에 법칙의 일부가 될 것이라고는 생각하지 못했을 것이다. 미안한 얘기지만, 우리 모두 '부탁합니다'와 '고맙습니다'라는 말이 극히 중요하다는 점을 상기할 필요가 있다. 사람들은 이런 말을 충분히 사용하지 않는다. 너무 바쁘고 건망증이 심하기 때문에 이미 그런 말을 한 것으로 받아들여질 것으로 생각한다. 따라서 매번 말할 필요는 없다고 얘기한다. 말도 안 되는 소리이다. 이런 말을 하지 않는 것은 정말 매너가 없다는 것이 유일한 이유인 것이다. 인간의 가장 기본적인 예의범절까지 무시하기 시작한다면 우리는 도대체 여기서 무얼 하고 있단 말인가? 남들에게 충분히 감사하고, '부탁합니다'라고 말할 정도로 예의 바르고 문명화되지 않았다면 우리는 정말이지 보따리 싸서 떠날 채비를 할 때가 된 것이다.

누가 당신에게 서류를 하루에 얼마나 여러 번 건네주는지는 중요하지 않다. 당신은 예외 없이 매번 '고맙습니다'라고 말해야 한다. 똑같은 일을 아무리 여러 번 부탁한다 해도 그건 중요하지 않다. 당신은 항상 '부탁합니다'라고 말해야 한다. 누가 당신을 위해 무언가를 해준다면 아무리 평범하고, 사소하고, 반복적이고, 지루하고, 노력 없이 하는 일이라 해도 늘 고맙다고 말해야 한다.

그런 말을 단 한 번 잊었더라도 당신에게는 무례하고, 상스럽고, 불쾌한 사람이라는 딱지가 붙을 수 있다. 그러니 '부탁합니다'와 '고맙습니다'를 잊지 마라. 한때 함께 일했던 어떤 매니저는 직원들에게 3교대로

밤 근무를 시키고, 휴가 때에도 출근하게 하고, 초과 근무를 시키고, 비번인 날에도 일하게 하고, 일거리를 집에 가져가게 하고, 주말에도 일을 시키는 등 직원들을 더 열심히 일하도록 만드는 능력이 다른 매니저보다 뛰어났다. 우리는 모두 그를 지켜보았다. 우리가 하지 않는 일 중에서 그가 하고 있는 것이 무엇인지 알아내기 위해 애썼다. 그는 팀원들로부터 우리는 얻지 못하는 충성을 받고 있었다. 이 단계에서 당신도 이미 눈치 챘을 것이다. 그렇다. 그는 '부탁합니다' 와 '고맙습니다' 라는 말을 하고 있었던 것이다.

그래, 이제 기분이 좋은가? 그는 정말 그것을 실천하고 있었다. 그 간단한 예의가 큰 효과를 발휘한 것이다. 그의 팀원들은 그가 그렇게 하고 있다는 것을 인식하고 있었을 것으로 생각된다. 그러나 우리는 오랫동안 그것을 알아차리지 못했던 것이다. 대부분은 우리 역시 '부탁합니다' 와 '고맙습니다' 라는 말을 하고 있다고 '생각'했다. 그러나 그는 예외 없이 매번 그 말들을 '사용'했다. 그런 말을 사용할 때는 반드시 진심에서 우러난 것이어야 한다. 따뜻하고 진심 어린 감사의 말은 큰 효과를 발휘한다. 당신을 향한 칭찬과 찬사에 대해 반응을 보이는 것도 아주 좋은 방법이다. 누가 당신에게 무엇을 참 잘했다고 칭찬해 주면 얼굴이 빨개지면서 "아무것도 아니었는데요, 뭐."라고 더듬거리며 말하지 마라. 그런 말은 상대방의 칭찬을 깎아내리는 짓이다. 대신 '고맙습니다' 라고만 말하는 것이 더 좋다. 사람들을 구워삶거나 감언이설로 꾀기 위해 '부탁합니다' 라는 말을 사용해서는 안 된다. 그것은 "오늘 점심 시간 내내 일하라고 부탁드려도 될까요? 전화로 처리해야 할 일이 좀더 있어서요. 오늘 오후 점심 시간이 좀 지나서 당신 시간을 꼭 돌려 드릴게요."라고 말하는 것이 된다. 이것은 부탁하는 게 아니다.

4.8 욕하지 마라

누구나 욕을 한다는 사실은 알고 있다. 당신이 욕하는 것을 멋지다고 생각한다는 것도 안다. 우리는 현대적 감각을 가져야 하고, 시대에 뒤쳐지지 말아야 한다. 알고 있다. 그러나 미안하지만 욕설은 허용될 수 없다. 집에 도착해서나 차 안에 혼자 있을 때는 하고 싶은 대로 말해도 좋다. 그러나 직장에서는 절대로 욕하지 마라. 이것은 간단한 법칙이지만 효과적이다. '욕설 금지'가 당신의 기본 설정이기 때문이다. 그러면 이제 욕에 관해 당신은 어떤 결정을 내리고, 어떤 선택을 해야 할까? 대답은 '그 어떤 것도 안 된다'이다. 정말 그 어떤 것이라도 안 된다. 이것은 당신의 기본 사항이다. 당신은 욕하면 안 된다. 이렇게 되면 모든 복잡한 생각들이 당신에게서 이미 사라져 버리고 없을 것이다.

그러나 만일 '욕설 허용'이 당신의 기본 설정이라면 결정과 선택의 폭은 넓어진다. 그런데도 당신이 아무것도 해놓지 않았다는 사실이 놀랍기만 하다. 예를 들어, 당신은 다음과 같이 하는가?

- 일이 잘못되어 갈 때마다 욕하는가?
- 전화기에 대고 욕하는가?
- 상사 앞에서 욕하는가?
- 고객 앞에서 욕하는가?
- 고객에게 욕하는가?
- 특정한 욕만 할 뿐 다른 욕은 하지 않는가?

- 신에 대한 불경스런 말을 욕으로 사용하는가?
- 심하지 않은 욕만 하거나, 정말 불쾌한 사람들에게만 욕하는가?

욕을 하는 것은 지뢰밭이나 악몽과도 같다. 그냥 신경 쓰지 않는 것이 훨씬 편하다. 이것은 엄격한 지시 사항이 아니라 능률적인 지시 사항이다. 만일 당신이 욕을 하지 않는다면 시간과 노력이 절약될 뿐만 아니라 그것을 생각할 필요도 없어진다. 이제 가 보라.

> "집에 도착하거나 차 안에 혼자 있을 때는
> 하고 싶은 대로 말해도 좋다.
> 그러나 직장에서는 절대로 욕하지 마라."

4.9 남의 말을 경청하는 사람이 되어라

모든 사람의 하소연을 들어 주고, 그들이 기댈 수 있는 편안한 어깨가 되어 주어야 한다고 말하는 것이 아니다. 사실 그건 남의 말을 잘 들어 주는 것이라기보다는 치료에 해당하는 것이다. 남의 말을 잘 들어 주는 사람이란 말하는 사람에게 내가 지금 경청 중이라는 사실을 알려 주는 사람이다. 그러기 위해 다음과 같이 하라.

- 용기를 북돋아 주는 말을 한다. 예를 들어, "음, 계속해 봐. 그래, 듣고 있어."

- 적절한 제스처를 취한다. 예를 들면, 한쪽으로 머리를 숙인 채 눈을 크게 뜨고서 말하는 사람을 쳐다보는 것이다. 하품을 하거나 시계를 만지작거리지는 마라.

- 상대가 말하고 있는 내용을 알아들었다는 표시로 그가 했던 말 몇 마디를 반복시켜 준다. 예를 들어, "금요일 3시에 그랬단 말이지?"

- 알아듣지 못했거나 이해가 가지 않는 부분을 다시 말하게 한다. 예를 들어, "피터버로에 관해 했던 말을 다시 해줄 수 있겠어? 내가 잘못 알아들은 것 같아."

- 질문을 한다. 예를 들어, "그래서 이제 글로스터로 이사 가지 않을 거란 말이야?"

- 메모한다. 상대가 말할 때 받아 적는다.

그런데 당신은 왜 경청자가 되려고 하는가? 경청자가 되고자 하는 이유가 무엇인가? 대답은 간단하다. 다음과 같은 것들을 얻을 수 있기 때문이다.

- 더 많은 사실을 알게 된다.
- 당신이 해야 할 일이 무엇인지 더 잘 이해하게 된다.
- 주변에서 일어나고 있는 일에 관해 더 잘 파악하게 된다.
- 동정심 많고 사려 깊게 보인다.
- 지적이고 예리하게 보인다.
- 그들의 일에 대해 당사자들보다 더 잘 아는 사람으로 보인다.

경청하지 않으면 이런 것들을 알 수 없다. 만일 당신이 경청하려 한다면 그 사실을 그들에게 반드시 알려 주도록 하라.

남의 말을 잘 들어 주는 것은 하나의 스킬이며, 특별한 재능이다. 그러므로 당신은 그 스킬을 연습하고 익혀야 한다. 하룻밤 사이에 이루어지는 일도, 저절로 되는 일도 아니다. 당신은 그것에 관해 생각해야 하고, 경청하지 않고 있다고 깨닫게 되면 자신을 가다듬어 그 사람의 이야기로 주의를 돌려야 한다.

> "남의 말을 잘 들어 주는 것은
> 하나의 스킬이며 특별한 재능이다.
> 그러므로 당신은 그 스킬을 연습하고 익혀야 한다."

4.10 분별력 있는 말만 하라

성공하고 승진하기 위해 당신은 적절한 이미지를 연출해야 한다. 현명하고, 성숙하고, 믿음직스럽고, 침착하고, 지적이고, 신뢰감 있고, 경험있는 비즈니스맨의 이미지를 가지고 있어야 한다. 때로는 부주의한 말 한마디나 한순간 방심한 탓에 힘들게 쌓아 올린 모든 것이 좌절되어 허사가되는 경우도 있다. 최근에 있었던 일이다. '그림자 정부'의 고위급 장관이 해고당했다. 럭비 클럽 만찬에서 인종 차별적인 농담을 했다는 것이이유였다. 방심하여 '분별력 있는 말'을 하지 못한 한 순간에 그의 경력은 무너져 버린 것이다.

다음과 같은 말을 하지 않도록 말조심하라.

- 정치적으로 옳지(politically correct) 않은 말
- 모욕적인 농담이나 어떤 집단의 일부분을 소외시키는 말
- 성 차별적인 모든 형태의 발언
- 사람들에게 선심 쓰는 체하는 말
- 거만한 말
- 이성을 잃은 말
- 모욕적인 욕설('법칙 4.8' 참고)
- 불평하거나, 한탄하거나, 뒷공론하는 것('법칙 4.1~4.3' 참고)
- 당신이 사람들을 실지로 어떻게 생각하고 있는지를 드러내는 말

불평을 늘어놓는 것보다는 차라리 아주 가끔씩만 말하는 법을 익히는 것이 현명할지도 모른다. 혀를 마구 놀리다 보면 말실수를 하기 쉽다. 말하기 전에 신중하게 생각하고, 잠시 쉬면서 혀를 깨물 시간을 갖는다면 당신의 말은 정확해지고, 연설은 잘 편집된 상태가 되며, 분별 있는 말만 하게 될 것이다. 그러면 당신은 현명하고 성숙하다는 평판을 얻게 된다. 사람들은 당신에게 충고와 지도를 청할 것이다. 당신이 심사숙고하는 사람이며, 쉽게 말하지 않는 사람이라는 사실을 알기 때문이다. 그들은 당신을 신뢰할 것이다. 일단 신뢰를 받게 되면 당신이 승진과 성공의 후보자가 되는 것은 당연한 일이다.

당신이 하려는 말이 반드시 영향력을 발휘하도록 만들고, 사무실의 소란스러움 속에 파묻히지 않도록 하라. 지난밤 TV에서 보았던 내용을 가지고 잡담하지 마라. 솔직히 말해서 정말 그것에 관심을 가지고 있는 사람은 아무도 없다. 대신 중요한 할 말이 있을 때까지 침묵하라.

> "때로는 부주의한 말 한마디나 한순간 방심한 탓에
> 힘들게 쌓아 올린 모든 것이 좌절되어
> 허사가 되는 경우도 있다."

법칙 5

자신을 관리하라

당신이 상대하는 대부분의 사람들은 아마도 예의 바르고 어울리기에 좋은 사람들일 것이다. 그러나 그렇지 못한 사람 몇 명은 늘 있기 마련이다. 당신은 그들을 피할 수 없다. 그들은 질이 좋지 못한 사람들로서 시기심이 많고, 당신의 등 뒤에 칼을 꽂거나 당신을 망하게 할 기회가 있으면 언제라도 덤벼들 사람들이다. 그들은 기회만 생기면 화염 속에서 당신을 쏘아 쓰러뜨릴 것이다. 당신의 새로운 이미지가 그들의 목표물이 되지 않도록 명심하라. 이 법칙은 적의 숫자를 최소화하면서 당신이 늘 한 걸음 앞서기 위한 것이다. 당신이 더 많이 성공할수록 남들에게 더 큰 질투와 시기를 받게 되는 것은 당연한 과정이라 하겠다. 이 법칙은 연습을 통해 이런 것들을 잘 피하고 자신을 관리할 수 있도록 해줄 것이다. 특히 당신의 등 뒤를 안전하게 해줄 것이다.

5.1 당신 산업 분야의 윤리에 정통하라

당신의 직업은 무엇인가? 실제 직업을 의미하는 것이 아니다. 당신이 사회에 어떤 기여를 하고 있는가 하는 것이다. 당신의 기여는 긍정적이고, 이익을 발생시키며, 건강한 것인가? 아니면 사회에 해롭고, 부정적이며, 손해를 끼치는 것인가? 당신의 산업 분야는 무엇을 하는 곳인가? 그곳에서 당신은 어느 정도의 역할을 하고 있는가? 당신이 속한 분야의 윤리에 대해 생각해 본 적이 있는가?

윤리란 무엇인가? 윤리는 당신 산업 분야의 도덕성으로서 옳고 그름, 좋고 나쁨의 잣대가 된다. 당신의 산업 분야는 좋은 것인가, 나쁜 것인가? 상처를 입히는가, 치료를 해주는가? 사회에 긍정적으로 기여하는가, 아니면 그저 사회로부터 무언가를 빼앗아 갈 뿐인가?

아니다. 이 순간 갑자기 자신의 산업 분야가 구린내 나는 것이라는 판단이 내려졌다고 해서 그곳을 떠날 필요는 없다. 당신은 상황을 바꾸기 위한 내부 작업을 할 수 있다. 우리가 지금 환경 문제에 관해 이야기하고 있는 것이라고 생각하지는 않는다. 물론 그것이 많은 사람들의 관심사라는 점은 알고 있지만 말이다. 대신 당신에게 바라는 것은 당신의 산업 분야가 도덕적으로 무엇을 하는지에 집중하라는 것이다.

이와 같은 방식으로 접근해 본 결과 당신의 산업 분야가 정당하지 못하다는 결론이 내려졌다면, 그리고 이를 받아들일 수 없다면 당신은 그곳을 떠나야 한다. 내게도 이런 일이 있었는데, 그때 나는 그곳을 떠났다. 그렇게 하는 것이 가장 좋은 결론이며, 비록 재정적으로 손해를 입더라도 결국에는 당신에게 이익이 될 것이다.

당신의 산업 분야에는 좋은 점과 나쁜 점이 있을 것이다. 때로는 당신에게 그 선을 넘어 나쁜 짓을 하라는 요청도 들어올 것이다. '법칙 5.3: 개인적인 기준을 정하라'를 읽게 될 것이다. 이에 반해 '법칙 5.1'은 개인적인 기준보다는 자신이 몸담고 있는 산업 분야의 기준을 정하는 데 도움을 준다. 당신은 요청받은 그 일이 회사에 도덕적, 윤리적으로 나쁘다는 사실을 지적해야 한다. 즉시 이렇게 말하라. "언론에서 이런 사실을 알면 어떻게 하시겠습니까?" 그리고는 '스크루지 사, 해고당한 노동자들 대신 아시아의 노동 착취 공장 인력을 대체 투입하다'라는 식의 적당한 헤드라인을 제시해 보라.

당신이 원하는 만큼 단호해도 좋고, 거절해도 좋다. 하지만 그렇게 하면 당신에게는 자기 손을 더럽힐까 봐 두려워하는 겁쟁이이며 배짱도 없는 사람이라는 꼬리표가 붙게 될지도 모른다. 그러므로 당신은 회사에 미칠 영향을 지적하고, '내부 고발자'라는 개념을 그들의 머릿속에 주입시켜 주어야 한다. "이봐, 그들이 이것으로 무얼 하려는 거지?"라고 말하라. 이런 식으로 당신은 회사의 일원이면서도 윤리 카드를 행사할 수 있다. 당신은 '우리 중 하나'이면서 동시에 '그들 중 하나'가 될 것이다.

이런 모든 것을 실행하려면 당신은 자신의 산업 분야 윤리에 정통해야 하며, 그 산업이 어떤 기여를 하고 있는지도 알아야 한다. 지금 당장 연구를 시작하라.

5.2 당신 산업 분야의
법적 의무에 정통하라

당신 회사는 법을 어기고 있는가? 당신은 어떤가? 당신 산업 분야의 법적 의무를 알고 있는가?

내가 한때 몸담았던 회사의 이야기이다. 처음에 그 회사는 상당히 잘 나갔으며, 업계에서 새로운 표준의 설정자가 된 것에 자부심을 느끼고 있었다. 그러나 몇 년이 지나자 그 회사는 갑자기 방향을 바꾸더니 하이드를 얻기 위해 지킬 박사를 버렸다. 아주 기괴한 일이었다. 왜 그런 일이 일어났는지 이해할 수가 없었다. 고위급 이사회 멤버들이 많이 교체된 것도 아니었고, 우리가 필사적으로 분투하는 것도 아니었으므로 당시 상황이 그렇게 하기를 요구하는 것처럼 보이지도 않았다. 그런데 갑자기 법을 어기는 것이었다. 진짜 법을 어기고 있었다. 나는 문득 부정하고 부패한 회사에서 일하고 있음을 깨달았다. 어떻게 해야 하는가? 한동안은 모른 체하고 있었다. 하지만 결국 나 역시 위법적인 일에 참여하도록 요청받았다. 나는 즉시 회사를 떠났다. 명예와 명성을 지키며 라이벌 회사로 갔다. 새로 옮긴 회사 측에서 전 회사에 관해 물어 왔다. 그곳에서 무슨 일이 벌어지고 있는지도 물었다. 그러나 나는 새로운 상사들이 전 회사를 이용해 이득을 얻을 만한 어떤 정보도 결코 넘겨주지 않았다. 정확한 이유는 잘 모르겠으나 그렇게 하는 것이 명예롭다고 생각되었다. 법적 제재를 받지 않을 한도 내에서 나는 기꺼이 예전 회사의 업무 방식에 관해 이야기해 주었다.

몇 년 후, 예전에 다녔던 부패한 회사가 내가 지금 다니고 있는 회사를 인수했다. 일이 발각되어 그들은 벌을 받고, 부패한 행동들이 일소된 상태였다. 나는 다시 그들을 위해 일하고 싶은가? 그다지 내키지 않았다. 하지만 어떤 선임이사와 면접을 하게 되었고, 그는 나와 함께 일하게 되어 기쁘다고 말했다. 그는 "적어도 당신은 입단속을 할 줄 아는 사람이니까."라고 말했다. 나에게는 그가 좀 방종한 짐승인 듯 보였다. 나는 그곳을 나와 버렸다.

당신의 산업 분야는 얼마나 깨끗한가? 당신 회사는? 당신이 요청받을 수도 있는 것이 무엇인지, 어떤 것이 합법적이고 어떤 것이 그렇지 못한지를 알아야 한다. 어떤 산업 분야에는 놀라울 정도로 상세하고 사소한 법칙들이 있어서 자신도 깨닫지 못하는 사이에 그것을 범하게 되는 경우도 있다. 그러나 당신은 그것을 깨달을 수 있어야 한다. 법칙의 선수가 되기 위해 당신은 한층 더 깨끗해져야 하고, 의심의 여지를 남기지 말아야 하며, 자신이 희생양이 되지 않도록 해야 한다. 만일 그들이 잘 속아 넘어가는 사람을 찾고 있다면 당신은 절대 그 대상이 될 수 없다는 점을 명백히 해 두어라. 당신은 확실히 선의 이쪽에 서 있으며, 실수로라도 절대 그 선을 넘어서는 안 된다.

당신이 법을 어기기로 마음먹었다면 그것도 하나의 선택이 될 수 있을 것이다. 그러나 몰랐기 때문에 결국 감옥에 가게 된다면 얼마나 끔찍한 일이겠는가? 멍청한 죄수보다는 똑똑한 죄수가 되는 것이 낫다. "하지만 전 몰랐어요."라는 말이 효과적인 변론이 되었던 적은 결코 없었다.

5.3 개인적인 기준을 정하라

당신은 밤에 잠을 자는가? 그럴 것이다. 나도 안다. 하지만 나는 절대 어기지 않는 개인적 기준들을 정해 놓았다.

- 경력을 쌓아 가는 동안 남에게 고의로 상처 주거나 방해하지 않겠다.
- 경력을 쌓기 위해 고의로 법을 어기지 않겠다.
- 무엇이든 내가 따를 도덕적 규범을 갖겠다.
- 내 직업이 사회에 긍정적인 기여를 하도록 노력하겠다.
- 내 아이들에게 부끄러울 일은 그 어떤 것도 하지 않겠다.
- 항상 내 가족을 우선으로 하겠다.
- 비상시 외에는 저녁이나 주말에 일하지 않을 것이며, 만약 일하게 되더라도 내 배우자와 먼저 의논하겠다.
- 새로운 일거리를 따 내기 위해 부당하게 남을 욕하지 않겠다.
- 무엇이든 늘 제자리에 돌려놓도록 노력하겠다.
- 기술이든 지식이든 경험이든 동일 업계에 공개적으로 무료 전달하여 원한다면 이익을 위해 사용할 수 있도록 해주겠다. 나는 정보를 독차지하지 않겠다.
- 동일 업계 내에서 성공한 그 누구도 질투하지 않겠다.
- 내 일의 장기적인 결과에 대해 끊임없이 의문을 던지겠다.
- 나는 항상 법칙에 따라 경기하겠다.

이런 행동 방침은 내가 개인적으로 설정한 기준으로, 당신에게는 맞지 않을 수도 있다. 당신은 더 좋은 기준들이 필요할 수도 있고, 혹은 이미 그런 기준들을 가지고 있을지도 모른다. 당신이 이보다 못한 기준들을 선택하지 않기만을 바랄 뿐이다. 우리는 가능한 한 최고가 되기 위해 항상 노력해야 한다.

> "우리는 가능한 한 최고가 되기 위해
> 항상 노력해야 한다."

5.4 절대 거짓말하지 마라

'법칙 4.8: 욕하지 마라'의 경우처럼 이 법칙도 아주 쉽다. 이것은 생각할 필요도 없이 당연히 당신이 지켜야 할 일이다. 절대로 거짓말하지 마라. 어떤 상황에서도 거짓말하지 마라. 일단 절대 거짓말하지 않는 사람이라는 평판이 나게 되면 당신은 누군가로부터 무언가 은폐해 달라는 요청은 받지 않게 될 것이다.

먹고살기 위해 거짓말을 하기로 결정했다면 당신이 선택해야 할 것과 결정해야 할 것들이 너무나 많다. 어디에 선을 그을 것인가? 사소한 거짓말만 할 것인가, 큰 거짓말만 할 것인가? 자신을 구하기 위해? 아니면 다른 사람을 구하기 위해? 회사를 위해? 상사를 위해? 아니면 동료들을 위해? 당신의 거짓말 솜씨는 어느 정도나 능숙해지게 될까? 어떤 거짓말이 들통 날 것 같으면 그것 때문에 또 다른 거짓말을 할 것인가? 이런 과정을 어디에서 멈출 것인가? 당신의 거짓말에 다른 사람들을 연루시킬 것인가? 아니면 단독적인 거짓말쟁이가 될 것인가?

문제점을 알겠는가? 당신이 '절대 거짓말하지 않겠다'와 같은 간단한 법칙을 가지고 있다면 그것이 당신의 기본 설정이므로 더 이상 어떤 생각도, 선택도, 결정도, 대안도, 선호도 필요 없다. 절대 거짓말을 하지 않는다면 당신은 죄책감, 두려움, 반격, 어떤 거짓말을 했는지 기억해 두어야 하는 일, 벌을 받거나 해고를 당하거나 당혹한 상황이 될 위험성, 동료들로부터의 소외, 가족을 위험에 처하게 하는 일, 형사 소추를 당할 위험성, 잠 못 이루는 밤들로부터 해방된다. 절대 거짓말하지 않는 것은 당신의 직장 생활과 경력에 대한 가장 간단하고, 깨끗하고, 정직한 접근 방법이다. 이력서나 경험 또는 열정을 미화하거나 과대 선전하는 것은 물론 괜찮다. 하지만 제발 거짓말은 하지 마라. 장담컨대 반드시 발각될 것이다.

내가 출판사에 책 출간을 제안하면 그들은 어떤 내용이냐고 묻는다. 그러면 나는 "이것은 괜찮다고 생각되는데요."라고 말하는 대신 "이것은 굉장한 겁니다. 정말 굉장하다니까요. 아주 잘 팔릴 거예요. 우리가 찾고 있는 베스트셀러가 될지도 몰라요."라고 말한다. 이 가운데 어느 것이 거짓말인가? 사실 거짓말은 없다. 정말 굉장하다고 생각하지 않는다면 나는 글을 쓰지 않을 것이다. 이 책이 그렇게 잘 팔릴까? 그럴지도 모른다. 내가 누구라고 그 여부를 확실히 알 수 있겠는가? 그건 도전해 볼 만한 시장인 것이다. 잘 팔릴 거라고 말한 것이 거짓일까? 그렇지 않다.

당신은 자신의 자질이나 기술 또는 전문 지식을 소리 높여 말할 자격이 있다. 단지 거짓말만 하지 않으면 된다. 거짓말이란 확실하게 잘못된 것으로 증명될 수 있는 어떤 것을 말한다. 사실과 다르게 소프트웨어 프로그래머 '자격증'을 가지고 있다고 말한다면 그건 거짓말이다. 하지만 소프트웨어 프로그래밍의 '귀재'라고 말한다면 그건 거짓말이 아니다. 이것은 '사실'이라기보다는 '견해'의 문제이기 때문이다. 그러나 만일 확신이 가지 않는다면, 즉 독립적으로 재빠르게 생각할 수 없다면 결코 거짓말을 하거나 미화해서 말하지 마라.

> "당신은 자신의 자질이나 기술 또는 전문 지식을
> 소리 높여 말할 자격이 있다.
> 단지 거짓말만 하지 않으면 된다."

5.5 나쁜 짓에 대해 어떤 사람도 감싸 주지 마라

법칙의 선수가 된다는 것은 완벽을 목표로 삼고 있음을 의미하며, 스스로에게 극히 높은 기준을 설정하고 있음을 말해 준다. 남들은 이런 기준을 가지고 있지 않을 것이며, 바로 이 때문에 당신만큼 성공하지 못할 것이다. 그러나 그들은 당신이 기준을 낮추도록 하거나, 자신들의 기만적인 행위에 당신을 연루시키려 할지도 모른다. 그러면 당신은 어떻게 하겠는가? 다시 한번 말하지만, 당신은 '어떤 상황에서도 다른 사람들을 위해 비리를 은폐하지는 않겠다' 라는 단순한 기본 설정에 만족하라.

이 법칙은 이처럼 간단하다. 당신은 이것에 관해 생각할 필요가 없다. 선택하거나 결정을 내릴 필요가 없다. 당신은 자신이 어디에 서 있는지 정확히 알고 있다. 자신이 정확히 어떤 위치에 서 있는지 동료들에게도 이미 알렸다. 당신은 다른 사람들을 위해 비리를 은폐하지 않는 사람이라는 점을 상사에게도 이미 알려 두었다. 그러므로 당신은 어떤 혐의도 없고, 신뢰할 수 있으며, 확실하고, 나무랄 데 없는 사람이다.

다른 사람을 위해 비리를 은폐하겠다고 마음먹으면 당신의 인생은 너무나 복잡해지므로, 그럴 만한 가치가 전혀 없다. 당신은 예를 들어, 가까운 동료나 부탁해 오는 사람을 위해서만 비리를 은폐해 주는가? 작은 사고에 대해서만 그렇게 하는가, 아니면 큰 사고에 대해서만 그렇게 하는가? 사기를 은폐하는 것은 또 어떨까? 형사상 과실? 일이 발각되면 당신은 뭐라고 말하며 어떻게 행동하겠는가? 이 일로 해고되면 그 사실을 가족들에게 어떻게 설명할 것인가?

친구이자 가까운 동료가 은폐를 부탁하면 어떻게 처리하겠는가? 당신은 꽤 단호한 태도로 그저 "안 돼."라고만 말하면 된다. 설명을 달아 줄 필요도 없다. 또는 "나에게 그런 부탁하지 말아 줘. 나는 거절해야 할 거야."라고 말함으로써 충격을 좀 완화할 수는 있을 것이다. 이렇게 하면 부탁하는 사람에게 궁지로부터의 탈출구를 제공해 주면서 동시에 그의 체면을 살려 주는 셈이 된다.

일단 이렇게 하고 나면 일은 훨씬 더 쉬워진다. 당신은 이미 '비리를 은폐하지 않는 사람' 이라는 명성을 가졌기 때문이다. 누군가를 위해 비리를 은폐해 달라는 부탁 말과 함께 들어오는 감정적 블랙 메일을 무시하는 것이 가장 어려운 일이다. 그러나 이런 테크닉을 쓸 정도로 상대가 당신을 가볍게 생각한다면 도대체 거절하지 못할 이유가 무엇이겠는가? 이런 면에서 보면 그들을 무시하기란 사실 매우 쉽다. 그들은 당신에게 그따위 접근 방법을 사용함으로써 이미 기회를 망쳐 버린 것이다.

만일 그들이 당신에게 압력을 가한다면 고장 난 레코드판처럼 계속 "안 돼. 난 할 수 없어. 제발 부탁하지 마. 안 돼. 난 할 수 없어. 제발 부탁하지 마…."라고 반복하라. 그들은 당신 앞에서 무너지고 말 것이다. 진정한 친구라면 당신에게 자신을 위해 무언가를 은폐해 달라고 부탁하는 일이 결코 없다는 사실을 항상 명심하라.

5.6 모든 것을 완벽하게
기록으로 남겨라

　책을 출간하기로 나와 출판사가 동의하면 우리는 계약서를 작성하게 된다. 이 계약서는 시간이 지나면서 잊혀질 수 있는 모든 것들을 담고 있다. 내가 원고를 전달하자 출판사에서 "겨우 100페이지 분량이군요. 저는 우리가 200페이지 분량으로 합의했다고 생각하고 있었는데요."라고 말하면 나는 그 계약서를 꺼내 '100페이지'라고 분명하게 진술된 문구를 찾아내는 식이 되는 것이다.

　상사가 당신에게 무언가를 지시할 때, 그가 보는 앞에서 그 내용을 메모해 두어라. 그러면 나중에 상사가 당신에게 일을 잘못 했다거나 늦게 했다고 주장하기 어렵게 된다.

　보고서를 제출할 때, 재빨리 쓴 메모나 두드러진 사실들의 개요를 간단하게 적은 메모를 상사에게 전해 주면 나중에 생길 수도 있는 혼동을 피할 수 있다. 그 복사본을 잘 보관하라. 그리고 당신에게 복사본이 있다는 점을 상사에게 반드시 알려라.

　이 테크닉은 당신의 등을 보호하기 위한 것이 아니다. 당신에게 직접 연관된 이득은 없기 때문이다. 대신 이것은 모든 이슈를 명확히 해준다. 만일 이것을 글로 적어 둔다면 당신의 일은 훨씬 더 간단해지고 쉬워진다. 글로 적어 놓은 메모에 대해 누가 항변할 수 있겠는가? 사실 이런 일들은 나중에 적거나, 수정되거나, 변경되거나, 다시 적거나 하는 식으로 날조될 가능성도 있다. 그러나 우리는 그런 글들이 그렇게 날조됐을 것이라고 생각하지 않으며, 따라서 그것들은 손을 댄 흔적이 없는 확실한 증

거가 된다.

가장 사소한 세부 사항이 큰 논란을 일으키는 일이 흔히 있다는 사실은 정말 놀랍다. 처음에 그것을 기록해 두지 않았던 경우에 말이다. 기록을 보관하는 것은 지저분한 일이 아니라 현명한 예방책이라고 할 수 있다. 우리 중 누구도 완벽한 기억력을 가진 사람은 없다. 우리는 날짜, 시간, 세부 사항 등등을 모두 잊어버린다. 하지만 무엇이든 일단 기록해 놓으면 나중에 참고할 수가 있다. 그리고 자신의 기억력이 얼마나 형편없는지에 관해 스스로 놀라는 경우가 많다.

경영 서적을 보면 모든 메모와 이메일, 팩스를 일정 기간이 지나면 버리라고 충고하는 경우가 종종 있다. '지난 6개월 동안 보지 않았다면 그것은 당신에게 필요 없는 것이다.'라고 말한다. 말도 안 되는 소리이다. 당신은 모든 것을 계속 가지고 있어야 한다. 버리기보다는 파일을 정리할 공간을 좀더 마련하라. 그것이 필요 없다는 확신이 100% 생기지 않는다면 말이다. 5년 전 나는 어떤 출판사와 큰 분쟁을 겪은 일이 있다. 당시 내가 썼던 책에 관한 분쟁이었다(물론 이 책의 출판사는 아니다). 그 분쟁은 계약서의 어떤 사항에도 해당되지 않는 것이었다. 그러나 나는 처음에 기록해 두었던 메모를 보관하고 있었고, 그것을 그 출판사 측에 내놓았다. 그것은 학교 수학 시간에 내 풀이 과정을 보여 주어야 하는 것과도 같았다. 그러나 나는 메모를 가지고 있었기에 그들이 출판한 것이 애초에 그들이 내게 요구했던 것과 정확히 일치했음을 증명할 수 있었다. 나는 궁지에서 벗어날 수 있었다. 당신은 나에게 어떤 것도 버리라고 하지 않을 것이다. 절대로.

'사실'과 '전체적 진상'의 차이를 구별하라

당신이 거짓말하지 않을 사람이라는 점과 어떤 일에 대해서도 동료들을 위해 비리를 은폐하지 않을 것임을 확신한다. 하지만 그렇다고 해서 정의의 사도인 체하며 고자질할 필요는 없다. 당신에게 직접적으로 도움이 되지 않는 한 자청해서 정보를 알려고 할 필요는 없다. 어떤 동료가 실수했다는 사실을 알았다고 해서 당장 상사에게 달려가 밀고해야 한다는 말이 아니다. 그렇게 하기보다는 오히려 때로는 한발 물러서서 상황이 어떻게 전개되는지 관망하는 것이 이익이 될 수도 있다. 만일 동료가 당신이 사실을 알면서도 아무 말도 하지 않는다는 것을 안다면 결국 당신은 그 동료에게 나중에라도 다시 생각날 호의를 베푸는 셈이 될 것이다.

물론 질문을 받게 된다면 거짓말하지는 마라. 그러나 다시 한번 강조하지만, 사실과 전체적 진상의 차이는 구별하라. 거짓말하지 않는다는 것과 자신이 알고 있는 모든 것을 폭로한다는 것은 성격이 전혀 다르다. 때로는 전체 사실을 약간 편집해서 말하는 것이 더 좋을 때가 있다. 법칙의 선수가 된다는 것의 묘미는 성공을 쟁취하면서도 여전히 철저히 좋은 사람으로서의 자존심을 지닐 수 있다는 점이다. 이는 당신이 거짓말하지 않고 비리를 은폐하지 않음을 의미한다. 그리고 한편으로는 동료를 염탐하거나, 밀고하거나, 배반하거나, 괴롭히거나, 버리지 않는다는 사실도 의미한다.

보라. 저 바깥은 진짜 세상이다. 먹느냐 먹히느냐의 치열한 다툼의 세상일 수도 있다. 정말 질이 좋지 않은 사람들이 있으니 조심하라. 당신 주변에서 냉혹한 일이 벌어지고 있을지도 모른다. 그러나 당신이 끼어들 필요는 없다. 권위자의 환심을 산 사람의 역할을 맡을 필요도 없다. 항상 뛰어난 수완을 발휘하여 언제 사실을 알리는 것이 좋은지, 그리고 언제 입을 다무는 것이 좋은지를 알아야 한다.

당신은 외교가가 되어야 할 것 같다. 무엇을 말해야 할지, 언제 말해야 할지를 알아야 하니 말이다. 또는 스스로 생각해야 하니 무술 전문가가 되어야 할 것이다. 아니면 치료사가 되어야 할 것이다. 사람들이 당신에게 저마다 자기 문제를 가져오지만 당신은 그런 사실들을 혼자만 알고 있어야 하니까. 그리고 선(禪)의 대가가 되어 모든 것을 보고 모든 것을 알면서도 말은 거의 하지 말아야 할 것이다.

누군가가 의견을 물어 올 때, 당신은 그들이 진심으로 묻고 있는 것이 무엇인지를 가늠해 보아야 한다. 그들은 정말 진실을 원하는 것일까? 그렇다면 그들의 보고서는 한심하기 짝이 없다. 혹은 진실 중 일부만을 알고 싶은 것일까? 그렇다면 "자네 보고서는 훌륭해. 오로지 그 일에 관한 것이군."이라고 말해야 할 것이다. 혹은 가장 중요한 진실을 알고 싶은 것일까? 그렇다면 "자네 보고서는 좋기는 한데, 빼먹은 부분이 많더군." 이라고 말해야 할 것이다. 혹은 확신을 줄 진실을 원하는 것일까? 그렇다면 "자네 보고서는 정말 훌륭하던 걸. 마음에 들어. 자네 보고서가 워낙 훌륭해서 나는 자네가 좋아."라고 말해야 할 것이다. 혹은 진짜 진실을 원하는 것일까? 그렇다면 "아직 그것을 읽어 볼 시간이 없었어. 나는 자네가 싫거든. 게다가 그건 보나마나 아주 따분한 보고서일 테니까. 꼭 자네처럼 말이야."라고 말해야 할 것이다.

5.8 지지자나 연줄이나 친구를 만들어라

만일 당신이 사람들의 비리를 숨겨 주지 않는다면 당신이 도대체 그들에게 무슨 소용이 있다는 말인가? 이미 말했던 것처럼 저 바깥은 진짜 세상이고, 사람들은 당신에게 많은 것을 기대한다. 그들은 당신이 자기에게 신세 지기를 원한다. 당신이 자기 대신 책임져 주기를 원하고, 자신의 비리를 은폐해 주기를 원하고, 궂은일을 대신 해주기를 원하고, 자신의 뒤를 지켜 주기를 원한다. 게다가 이 모든 것을 동시에 원한다. 그러나 이제 당신은 법칙의 선수이다. 따라서 사무실 내의 사소한 패거리 싸움의 영역에서 벗어나 있어야 한다. 당신은 현재 독립형 아이템이다. 상어에게 먹이를 주는 것도, 그들의 먹이가 되는 것도 회피한다. 그렇다면 당신은 무엇이며, 무엇을 위한 사람인가?

당신은 잔잔한 호수이며, 폭풍의 눈이다. 팀 내 흔들리지 않는 믿을 만한 강자이다. 당신은 기본 설정이며, 정직의 요소이고, 다른 모든 동료들이 스스로를 판단하는 기준이다. 만일 당신이 그곳은 가지 말아야 할 영역이라고 생각하면, 그들은 그렇다고 알게 될 것이다. 만일 당신이 어떤 복잡한 상황에 대해 등을 돌리면, 그것은 손을 대서는 안 될 상황이라는 것을 그들도 알게 될 것이다. 만일 당신이 그것이 좋다고 말하면, 그들도 그것이 좋은 것으로 안다.

당신은 기준이 되는 사람이고, 다른 모든 이들의 판단의 척도이다. 믿어지지 않는가? 그럼 시도해 보라. 효과가 있을 것이다.

게다가 당신은 아주 믿을 만하고, 정직하고, 신뢰할 수 있는 사람이기 때문에 동료들은 조언이나 지침을 얻기 위해 당신에게 재빨리 달려와 의존하게 될 것이다. 그러나 그 어떤 것도 공짜로 해주지는 마라. 등을 한번 다독거려 줄 때마다, 바른 방향으로의 조언 한마디를 해줄 때마다, 유용한 힌트와 충고를 해줄 때마다, 길잡이가 되어 줄 때마다 항상 대가를 치르게 하라. 바로 충성이다. 당신은 무리와 함께 사냥을 하고 있지는 않다. 그러나 그들은 무리의 진짜 리더가 누구인지 아는 것이 좋을 것이다. 바로 당신이다. 이를 어떻게 얻어 낼 수 있을까? 친절과 신중함, 그리고 공명정대한 플레이를 통해 얻어 낼 수 있다. 결코 그들을 실망시키지 마라. 절대 그들을 밀고하지 마라. 항상 활기차고, 협력적이며, 충실해라. 거짓말을 하거나 비리를 덮어 주지는 않아도 가능한 한 유대를 공고히 하여 그들을 인간적으로 보호해 주고, 협력해 주고, 신경 써 주고, 진심으로 관심을 가져 주어라. 당신은 전적으로 그들의 복종을 받게 될 것이다. 왜냐하면 이것은 흔한 게임이 아니기 때문이다. 공명정대한 플레이는 매우 드문 경우라서 사람들은 이에 대한 방어책이 없다. 경영 훈련 서적이나 과정 중에 착하고 공명정대하며 정직하라고 가르치는 것은 거의 없다. 암묵적으로 통하는 지혜로서 대개 무자비하고, 남을 이용해 먹고, 냉혹하게 사리사욕을 채우라고 한다. 모두 진정한 인간이 아니라 개처럼 생각하라는 것이 결론이다. 당신이 성공적으로 공명정대한 플레이를 해내면서 사람들에게 이를 어떻게 해야 하는 것인지 보여 주면 그들은 어느 곳이든 당신을 따라갈 것이다.

5.9 남들의 동기를 파악하라

당신의 동기는 무엇인가? 당신이 법칙의 선수라는 점은 알고 있다. 당신은 정직하고, 부지런하고, 근면하고, 예리하고, 자발적이며, 성공의 요인을 갖추고 있다. 놀라울 정도로 일을 열심히 하고, 상사들에게 깊은 인상을 주고 있으며, 동료들로부터 존경을 받고, 부하 직원들로부터는 칭송과 충성을 받는다. 밤이 되어 집으로 향하는 길에 당신은 하루 일을 잘 마쳤다는 것, 사람들에게 유쾌하게 대했다는 것, 그리고 철저히 좋은 사람이었다는 것을 인식한다. 당신은 밤에 편하게 잠잘 수 있다. 아무도 괴롭히지 않았고, 어떤 법도 어기지 않았으며, 어떤 식으로든 나쁘게 행동한 일이 없었기 때문이다. 당신은 돈을 잘 벌지만, 그것이 목적은 아니다. 당신의 동기는 단연 최고가 되는 것이다. 그러면 다른 사람들의 동기는 무엇일까? 정말 성공하고자 한다면 당신은 그들의 동기도 이해해야 한다.

다른 사람들의 동기를 이해한다는 것은 어둡고 막연한 심리의 세계로 들어가야 한다는 사실을 의미한다. 다른 사람들의 동기는 다음과 같이 매우 다양할 것이다.

- 권력
- 돈
- 명예
- 복수
- 남에게 상처를 주고자 하는 것

● 사랑을 받고자 하는 것

동기가 무엇이든 그들이 법칙의 선수가 아니라는 사실은 분명하다. 당신은 그들보다 훨씬 앞서 있다. 초연하고, 침착하고, 자제력 강하고, 위엄 있고, 현명하다. 욕구와 공포와 탐욕이 동기인 사람은 누구든 조심해서 다루어야 한다. 당신은 인상 찌푸리지 말고 항상 그들과 잘 지내야 하고, 그들의 수준으로 내려가거나, 피해 의식 없이도 그들의 허를 찔러야 한다. 지금 당신의 사무실을 둘러보라. 그리고 동료들 각각을 움직이게 하는 동기가 무엇인지 알아내라. 그런 다음 상사의 동기와 또 그 위 상사의 동기도 알아내라. 그들의 동기를 알아내는 방법을 익혀라. 그러면 그들을 쉽게 다룰 수 있게 될 것이다. 지식이 힘이다.

> "욕구와 공포와 탐욕이 동기인 사람은
> 누구든 조심해서 다루어야 한다."

5.10 사람들 모두 각기 다른 법칙에 따라 경기하고 있다고 가정하라

당신이 어떤 법칙을 따르고 있는지는 알고 있다. 하지만 다른 사람들은 어떤가? 그들의 기준은 무엇인가? 그들은 어떤 '법칙집'을 따르고 있으며, 어떤 리듬에 맞추어 행진하고 있는가? 아마도 그들은 살아가면서 이것을 만들고 있을 것이다. 바로 이 점 때문에 그들은 예측이 불가능하고 변덕스러운 것이다.

모두가 당신처럼 수준 높은 정직성과 도덕성을 기준으로 가지고 있을 수는 없다. 어떤 사람들은 당신처럼 친절하고 위엄 있고, 승진의 사다리를 올라갈 능력도 갖추고 있다. 그러나 그만큼 세상에는 도대체 무슨 법칙을 따르고 있는 건지 의심스러운 사람도 많다.

당신이 지금 가지고 있는 법칙집은 비밀로 해야 한다. 만일 법칙을 누설한다면 당신은 이미 그 법칙을 어긴 셈이 된다. 사람들 모두 각기 다른 법칙에 따라 경기를 하고 있다는 가정은 그다지 틀렸다고 할 수 없을 것이다. 그들의 법칙이 당신 것보다 더 좋거나 못하다고 생각할 필요는 없다. 단지 다를 뿐이다. 그들의 법칙이 당신의 법칙과 같거나 더 좋다고 생각되면 당신은 끊임없이 실망하고 슬퍼지며, 화가 날 것이다.

그들의 법칙이 당신 것보다 못하다고 생각되면 당신은 의심하고, 우려하고, 회의를 품게 되고, 피해망상에 사로잡히게 될 것이다.

그들의 법칙이 어떤 것일까 생각하는 대신 그저 다르다고만 생각하면 당신은 솔직하고, 수용적이며, 신중하지만 관망적이고, 가까이 하기 쉬우면서도 지나치게 믿을 수는 없고, 이해가 빠르지만 잘 속지는 않는 상태를 유지할 수 있다.

이것은 마치 무술 대표자가 되는 것과 같다.

- 경계를 하면서도 준비를 갖추고 있다. 하지만 근육을 쓰려 하거나 공격적이지는 않다.
- 유연하고 유동적인 상태를 유지하며, 고양이처럼 움직일 수 있다. 무엇이 날아오건 호전적인 자세를 취하지 않으면서도 날쌔게 피할 수 있다.
- 땅 위에 서서 중심을 잡음으로써 그 어떤 것에도 대처할 준비가 되어 있다.

> "당신이 지금 가지고 있는 법칙집은 비밀로 해야 한다.
> 만일 법칙을 누설한다면
> 당신은 이미 그 법칙을 어긴 셈이 된다."

사람들과 잘 융합하라

검은 양이나 흰 까마귀, 무리와는 전혀 다른 방향으로 헤엄쳐 가는 물고기를 좋아하는 사람은 아무도 없다. '법칙 6'은 당신에게 사람들과 잘 융합할 수 있는 방법, 즉 '그들 중 한 사람'이 되는 방법을 알려 줌으로써 아웃사이더로 두드러지지 않도록 해줄 것이다. 당신이 무리의 리더로서 더 잘나고 더 효율적이라는 이유로 두드러질 수는 있다. 하지만 그렇더라도 당신은 여전히 '우리 중 한 사람'이 되어야 한다. '사람들과의 융합'이라는 게임을 어떻게 이끌어 나가야 할지 당신은 잘 알고 있기 때문이다.

6.1 기업 문화에 정통하라

모든 기업, 회사, 업계뿐 아니라 소규모 사무실도 문화를 가지고 있다. 그곳 문화가 어떤 것인지 파악하면 당신은 성공의 열쇠라는 우위를 차지할 수 있다. 지식은 힘이다.

문화는 그곳 사람들이 일을 처리하는 방식이다. 이 '문화' 는 때로는 회사가 주도하기도 하지만, 대개 사람들이 만들어 낸다. 문화는 유기적이면서도 계획이나 전략 없이 성장한다. 이런 문화를 잘 모르거나 이용하지 않는다면 당신은 결국 한심한 사람으로 보이게 될 것이며, 그렇게 되면 사람들에게 이용당하거나 무시당하기 쉽다.

해고당하는 사람들 중 70% 정도가 일을 제대로 못해서가 아니라 기업 문화를 잘 이해하지 못하고 적응하지 못해서 해고당하는 것이다.

'BMD' 라는 크고 유명한 디자인 스튜디오의 광고를 살펴보자. 이 회사의 소유주인 브루스 마우는 새 직원 채용을 위해 약 40문항의 퀴즈를 냈다. 그중 하나가 '파란색으로만 구성된 영화를 제작한 사람은 누구인가?' [1]였다.

브루스는 광고 헤드라인으로 '들판은 피하라. 울타리는 뛰어넘어라' 라고 썼다. 그 결과 그는 가장 훌륭하고 재능 있는 톱 디자이너들을 끌어들여 그를 위해, 아니 그와 함께 일하도록 만들었다. 그는 직원들과의 작업 관계를 '함께' 라는 말로 설명했다.

주 1 | 그 답은 물론 '데렉 저먼(Derek Jarman)' 이었다.

브루스가 어떤 종류의 기업 문화를 기대하고, 원하고, 얻는다고 생각하는가? 당신이라면 어떻게 적응하겠는가? 브루스는 당신에게 무엇을 기대한다고 생각되는가?

기업 문화의 주인 행세를 할 필요는 없다. 즉, 그것을 가치 있는 것으로 생각할 필요는 없다는 말이다. 당신이 할 일은 단지 적응하는 것뿐이다. 그들이 모두 골프를 하면 당신도 골프를 해라. 당신이 골프를 싫어한다는 건 알지만, 그래도 골프를 해야 할 것이다. 적응하는 데 필요하다면 말이다. 당신은 자신이 그곳에 적응하기를 원하는지 아닌지에 대해 의문을 갖게 될 것이다. 골프를 원하는지에 대한 의문도 품을 수 있다. 그러나 당신이 법칙의 선수라면, 출세하여 성공하기를 원한다면, 그리고 골프를 기업 문화로 삼고 있는 특정 회사에 소속되고 싶다면 당신은 골프를 해야 한다.

> "기업 문화의 주인 행세를 할 필요는 없다.
> 즉, 그것을 가치 있는 것으로
> 생각할 필요는 없다는 말이다.
> 당신이 할 일은 단지 적응하는 것뿐이다."

6.2 그들의 언어를 사용하라

적응한다는 것은 기업 문화를 따라갈 수 있다는 사실을 의미하며, 그들의 언어를 사용하는 것은 여기에서 큰 부분을 차지한다. 알맞은 전문 용어를 사용하지 못하거나, 컴퓨터 언어를 적절하지 못한 경우에 사용한다면 당신은 경기에 질 수도 있다. 만일 그들이 모두 괴상한 언어를 사용한다면 당신 역시 그것을 사용해야 한다. 아니, 지금은 당신이 괴상한 회사에 소속되기를 원하는지 원하지 않는지를 논할 시기도, 장소도 아니다. 그것은 잠이 오지 않는 이른 새벽, 영혼을 탐구하는 시간에 당신 혼자 해야 할 일이다.

만일 상사가 직원, 제품, 비율에 관해 정신 연구 단체에서나 사용하는 용어로 말한다면 당신 역시 그 용어로 말해야 한다. 그들을 교육하고, 재교육하고, 교화하고, 정보를 주고, 가르치고, 수업을 제공하고, 어리석은 과정을 정지시키고, 그들을 끌어올리고, 지도하는 것은 당신의 일이 아니다. 그들의 기업 언어는 곧 당신이 사용해야 하는 언어이다. 그것이 당신을 비명 지르고 싶도록 만들 때가 있을 것이라는 건 안다. 그래도 당신은 그 언어를 사용해야 할 것이다.

한때 이탈리아인 사장을 위해 일한 적이 있었다. 영어에 능숙하지 못한 그는 'clienters'라는 말을 쓰기 시작했다. 'clients'와 'customers'의 합성어였다. 그는 사장이었으므로 이 우스꽝스런 용어는 대중적인 영역으로까지 퍼져 나갔고, 제너럴 매니저부터 시작해서 모든 직원들이 이 'clienters'라는 말을 사용했다. 나는 거기 서서 "아니, 아니. 틀렸어요.

그 말은 당장 사용을 중단하세요."라고 소리칠 수도 있었다. 하지만 그렇게 하는 것은 나에게 전혀 이로운 일이 아니었을 것이다. 그곳에서 일하는 동안 내내 그것은 'clienters'였고, 나는 그 말을 들을 때마다 정말이지 증오심에 불탔다. 그러나 나는 법칙을 잘 알고 있었기 때문에 나 역시 'clienters'라고 말했다.

사무실 사람들이 언어를 어떻게 사용하는지 잠시 귀 기울여 보라. 영국식 정통 영어를 구사하는가, 아니면 재미있는 방언을 쓰는가? 우리는 지금 억양을 이야기하는 것이 아니라 각 사무실에서 사용하기로 결정된 'clienters'와 같은 개별적인 언어를 이야기하고 있는 것이다. 나는 '멕시코인들처럼 열심히 일하는 사람들'이라고 말하는 미국인과 일한 적도 있었다. 이것이 그가 정치적으로 올바르다고 생각하는 방식이었다. 물론 이것은 나쁘고 잘못되었으며, 모욕적이기도 한 말이었다. 그러나 그는 그 회사 소유주였고, 따라서 '멕시코인들'이라는 말은 고착화되었다. 이것역시 잘못되고 끔찍한 말이긴 했지만 그래도 일반적으로 쓰이는 표현이었다.

이 법칙이 깨져야 할 유일한 경우가 바로 '욕할 때'이다. 이 책의 법칙은 욕설을 금하고 있지만, 만일 모두들 욕을 하는 것이 기업 문화라면 당신은 어떻게 하겠는가? 대답은 '욕하지 않는다'이다. 이 경우 '법칙 4.8'이 '법칙 6.2'보다 우선한다. 당신은 '으뜸패'로 이미 이긴 것이다.

> "만일 그들이 모두 괴상한 언어를 사용한다면
> 당신 역시 그것을 사용해야 한다."

6.3 상황에 따라 적절한 복장을 갖추어라

우리는 앞에서 늘 우아하고, 맵시 있고, 스마트하게 옷 입는 것에 관해 이야기했다. 그러나 당신이 다니는 직장이 항상 청바지에 티셔츠를 입는 회사라면 어떻게 하겠는가? 그런 경우에는 당신 역시 청바지를 입어야 할 것이다. 단, 가장 스마트하고, 맵시 있고, 최신 유행에 따른, 가장 현대적인 청바지여야 한다. 그렇다고 해서 제발 다림질해서 주름을 잡지는 마라.

다른 사람들이 어떻게 하는지 잘 관찰하라. 회의실에서 사람들이 재킷을 벗고 소매를 걷어 올린다면 당신도 그렇게 해야 한다. 사람들이 격식을 갖추어 재킷을 입고서 회의에 임한다면 당신도 그렇게 하라. 너무 뻔한 이야기처럼 들리겠지만, 회의실을 둘러보면 한 사람이 엉뚱하게 행동하고 있는 걸 너무나 자주 볼 수 있다는 점에 놀라게 될 것이다. 그는 나머지 사람들에게 배척당하고 있는 인물이다.

사람들은 모두 어느 정도는 무리에 속해 거기에 적응하고, 섞이고, 자신의 감정을 속일 필요가 있다. 쓸데없이 사람들의 시선을 끌지 않기 위해서이다. 만일 재킷을 벗는 사람이 상관이라면 당신도 그렇게 하라. 그러나 남들이 하는 행동을 너무 기계적으로 따라 하지 말고, 무심코 그러는 듯 따라 하라. 우리는 지금 순간마다의 복장을 논하는 것이 아니라 전반적인 기준에서의 복장을 이야기하고 있는 것이다.

나는 항상 1~2분 정도 늦게 자리에 앉는 것이 좋다고 생각해 왔다. 윗사람이 하는 대로 가장 먼저 따라 하기보다는 남들은 어떻게 하는지 보기 위해서였다. 잠시 뒤로 물러서 있어라. 그것은 승진의 기회가 아니라 벼

랑 끝일지도 모른다. 혹은 아래에 물이 채워져 있지 않은 수영장의 스프링보드일지도 모른다.

　나만의 역할 모델을 가지고 있는 것이 도움이 된다고 늘 생각해 왔다. 그러면 그가 했을 법한 특정한 일이나, 입었을 만한 특정한 옷 스타일을 내 경우와 비교해 점검할 수 있기 때문이었다. 사업을 해 오면서 나는 캐리 그랜트를 모델로 삼은 적이 많았다. 그러면 문제는 간단해졌다. 캐리 그랜트라면 이것을 입었을지 자문해 보고, 'yes'라는 대답이 나오면 그대로 밀고 나가고 'no'면 그렇게 하지 않으면 되었다. 얼마나 쉬운가? 험프리 보가트를 역할 모델로 삼아 보라. 단, 영화 '아프리카 퀸'보다는 '카사블랑카' 스타일이 좋을 것이다.

　캐주얼을 입는 기업 문화일지라도 당신에게는 여전히 노력할 여지가 있다. 불행하게도 우리 영국인들이 잘 못하는 것 중 하나가 '캐주얼한 차림'이다. 영국은 그런 것을 적절히 배울 만한 날씨 조건이 못 된다. 영국인들은 반바지나 티셔츠, 화려한 빛깔의 반소매 하와이 셔츠나 말레이 반도 사람들이 허리에 감아 입는 사롱을 걸칠 수 없다. 하지만 우리 법칙의 선수들은 매우 스마트하게 잘할 수 있다.

6.4 각양각색의 사람에 대해 카멜레온이 되어라

카멜레온이 된다는 것은 좋은 일이다. 당신이 잘 해낼 수만 있다면 말이다. 사람들은 모두 다르다. 만일 당신이 모든 사람들을 똑같이 대하려 한다면 그들 모두를 기분 나쁘게 하거나, 최소한 그들 중 아무도 만족시킬 수 없을 것이다.

당신이 부모라면 이 법칙을 이해하기가 훨씬 쉬워진다. 자녀가 2명 이상이라면 아이들을 똑같이 대하지 않는 것이 얼마나 중요한지 알 것이다. 아이들은 각기 다른 동기를 가지고 있다. 어떤 아이들에게는 당신이 약간 실망하는 모습만 보이는 것으로도 충분하다. 그러나 어떤 아이들에게는 단지 아침에 옷을 제대로 입도록 하기 위해 당신은 진짜 야만인이 되어야만 한다.

나에게는 아들 다섯과 딸 하나가 있는데, 나는 그 아이들을 각각 다르게 대한다. 때로 무심코 모두를 똑같이 대할 때면 아이들은 크게 놀라 상처를 받는다. 아이들은 각각 나에게 무언가 다른 것, 무언가 독특한 것, 무언가 특별한 것을 필요로 한다. 매니저로서 당신은 부하 직원들에게 일종의 부모와 같은 존재이며, 따라서 그들을 각각의 개인으로 다르게 대해야 한다.

한 번은 아주 사소한 문제를 내 방식대로 하기 위해 거짓으로 화를 낸 적이 있었다. 상대는 너무나 충격을 받은 나머지 금방 굴복하고 말았다. 지금 주변에 있는 상사들이었다면 그런 행동을 참을 수 없었을 것이고, 나는 즉시 문밖으로 쫓겨났을 것이다.

제너럴 매니저 시절, 나는 아주 유쾌하고 친절하게 대하면 직원들로부터 최선의 것을 얻어 낼 수 있다고 생각했었다. 그러나 이런 타입의 행동에 반응하지 않는 이상한 사람들이 몇 명 있었다. 그들은 일에 대한 접근 방식이 자신들이 늘 해 왔던 구식으로 굳어 있었다. 따라서 상사가 완전히 야수가 되어 악을 쓰면서 무얼 해야 할지 말해 주기를 기대하고 있었다. 그런데 그런 상황에서 친절하게 그들의 생각을 물어본 사람이 바로 나였다. 그들은 그것을 견딜 수가 없었고, 나는 그들이 반응하도록 만들기 위해 불쾌하게 대할 수밖에 없었다. 각기 다른 사람에게는 각기 다른 자극이 필요한 것이다.

당신은 유연해야 하며, 요구에 따라 재빠르게 변할 준비가 되어 있어야 한다. 완벽한 매니저란 작은 동전 한 닢 위에서도 돌 수 있는 능력을 갖춘 사람이다. 자신이 사람들을 어떻게 대하는지 분석하라. 상대가 어떤 사람이든, 일이 어떻게 돌아가든 당신은 늘 똑같은 태도를 취하는가? 아니면 쉽게 적응하고 변하는가? 주변 인물들 중에서 성공적인 사람이 누구인지 찾아내 그가 사람들을 어떻게 대하는지 관찰하라.

6.5 언제, 어디에서 서성거려야 할지 알아내라

파워를 지닌 고위급 인사들이 공식적일 때와 비공식적일 때 모이는 주요 장소는 늘 있기 마련이다. 당신은 이런 장소들을 알아내어 이용하라. 이는 정보를 수집하고, 인맥을 만들고, 자신을 드러내고, 강한 인상을 심어 주는 데 중요한 장소들이다. 골프장의 19번 홀, 술집, 특정 식당이나 클럽 등 직장 밖에서 고위급 간부들이 이용하는 사교장이 있을 것이다. 그곳이 무얼 하는 곳이든, 어디든 상관없다. 그게 어디인지를 알아내는 것이 당신의 임무이다. 지금 갑자기 그곳에 돌진해 들어가 자신을 완전히 얼간이로 만들지 마라. 다만 필요한 모든 것을 사전에 알아내기 위해 그 세계를 몰래 염탐하고, 그 장소를 답사해야 한다. 그 식당은 당신이 미리 알아 두어야 할 복장 규정이나 스타일이 있는가? 그 골프 클럽에는 회원들을 위한 대기 목록이 있는가? 그 술집은 혼자 갈 수 있는 곳인가, 아니면 파트너와 함께 가야 할 곳인가? 그 클럽은 입장하기가 쉬운 곳인가? 당신은 부자연스러워 보이지 않도록 그 간부들과 어울릴 수 있는가? 그곳들은 "그냥 지나가는 길이었습니다."라고 말할 수 있을 정도로 우연히 들를 수 있는 곳인가? 아니면 일을 꾸미기 위해 서성거리며 기다리고 있다는 게 뻔해 보일까?

이 일을 신중하게 진행해야겠지만 어쨌든 고위급 간부들이 어디서 만나는지, 그리고 그런 장소의 접근 가능성은 어떤지를 알아야 한다. 아마도 당신은 절대 그곳에 가지 않는 쪽을 선택할 것이다. 그것도 좋다. 하지만 대화 도중 갑자기 그런 화제가 떠오른다면 당신은 단지 그들이 찾는 장소를 알고 있다는 사실만으로도 우위를 확보하게 될 것이다. 아는 것이 힘이다.

직장에서는 복도에 있는 커피 자판기 옆이나 복사기 옆이 그들이 서성거리는 장소가 될 수 있다. 당신은 늘 우연히 지나가는 중인 체할 수 있다. 당신의 얼굴과 이름을 알려라.

공식적인 행사가 있을 때, 고위급 간부들은 담배를 피우기 위해 밖에 모이게 될 것이다. 담배를 즐기지는 않더라도 당신은 그런 곳에서 함께 담배를 피우는 무리의 일부가 될 수는 있을 것이다. 어쩌면 회의에 가기 전에 그들 모두 간이식당에 들를지도 모른다. 반드시 당신이 그곳에 먼저 가 있도록 하라. 그러면 갑자기 들르게 된 것에 대해 변명할 필요가 없게 될 것이다.

> "당신의 얼굴과 이름을 알려라."

6.6 사회적 관례를 파악하라

모든 회사와 일터에는 사회적 관례가 있기 마련이다. 그런 관례들을 알아내어 이용하라. 사회적 관례는 다음의 예와 같이 아주 간단하다.

- 직원 파티에 파트너를 데리고 가지 않는다.
- 비번인 날에도 직원 파티에 나간다.
- 어떤 표시가 있는 것은 아니지만 주차장 내 몇 개의 특정 공간에는 절대 주차하지 않는다. 비공식적이지만 그 공간은 상무이사의 부인과 자녀들을 위해 비워 두어야 하기 때문이다.
- 퇴직자 봉투가 사무실을 돌 때는 늘 5파운드짜리 지폐를 넣지만, 생일을 위한 봉투에는 2~3파운드만 넣는다.
- 절대로 커피와 함께 잼 도넛을 먹지 않는다. 이것은 실비아 전용 식사법이기 때문이다. 실비아는 항상 그래 왔고, 앞으로도 그럴 것이다.
- 상무이사를 부를 때, 그의 앞에서는 찰스라고 부르지만 다른 직원들 앞에서는 찰리라고 부른다. 하지만 개인 비서 앞에서는 찰스 경이라고 부른다.
- 점심 식사와 함께 와인을 주문하는 것은 괜찮지만, 맥주를 주문하는 것은 눈살을 찌푸릴 일이다.

이런 불문율 가운데 어떤 것들은 유래를 알 수 없는 경우도 있을 것이다. 한 번은 상무이사인 찰스가 맥주를 마시고 있던 직원에게 아주 세게 얻어맞은 적이 있었다. 그 후로는 점심 시간에 아무도 맥주를 마시지 않는다. 한 번은 직원 파티에서 어떤 주니어 매니저의 부인 때문에 찰스가 난처한 입장이 된 적이 있었다. 그 후로는 직원 파티에 파트너를 데려오지 않게 되었다.

물론 이런 사회적 관례들이 명백할 수도 있다. 실비아는 잼 도넛을 좋아하고, 자신의 방식대로 할 영향력을 가지고 있다. 그런 관례들을 알아내어 원한다면 파일로 정리해 두는 것도 중요하지만, 끔찍한 사교상의 실수를 범하고 싶지 않다면 그런 관례들을 잘 외워 두는 것이 좋을 것이다.

한때 나는 어떤 식으로든 일하는 날에 술 마시는 것을 터부시하는 회사에서 일했었다. 점심 시간에 맥주 한 잔도 마실 수 없었다. 술은 절대 안되었다. 이유는 알 수 없었다. 술을 마시지 않는 나로서는 이 관례가 있어서 지내기에는 더 편했지만, 그 이유가 궁금해서 견딜 수가 없었다. 결국 나는 그 이유를 알아냈다. 예전에 그 회사에서 근무했던 어떤 재정부 매니저가 오후만 되면 40번씩 윙크하고는 곯아떨어져 시간을 보내곤 했다. 하지만 그것이 정확한 사실은 아니었다. 그가 점심때마다 술을 많이 마신건 사실이었지만, 오후에는 자신의 계좌로 신중하게 자금을 빼돌리며 시간을 보내고 있었다. 그는 결국 덜미가 잡혀 해고당했다. 그러나 그 후부터는 술을 마시지 않는 것과 사무실 문을 닫아 두지 않는 것이 법칙이 되었다.

> "물론 이런 사회적 관례들이 명백할 수도 있다.
> 중요한 것은 그런 관례들을 알아내어
> 따로 파일로 정리해 두는 것이다."

6.7 권력의 법칙을 파악하라

사무실을 운영하고 있는 사람이 누구인가? 장담컨대 최고 책임자는 아니다. 그들은 자기 사무실에 틀어박혀 있는 경향이 있다. 그래서 실제 운영은 다른 사람의 손으로 넘어가게 된다. 당신이 할 일은 그 인물이 누구인지를 알아내 그와 계속 잘 지내는 것이다.

실제 권력이 홍보 컨설턴트, 법률 비서, 회계 감사원, 고객, 주니어 매니저에게 넘어가 있는 회사에서 여러 번 일해 보았다. 각 경우에 그런 특정 인물이 실제 책임을 떠맡게 된 이유는 다음과 같은 것들이었다.

- 최고 책임자의 주목을 받고 있다.
- 최고 책임자의 신뢰를 받는다.
- 직선적이거나 정면으로 무언가를 말하기보다는 작게 속삭이며 말한다.
- 그 회사에 꽤 오래 재직했다.
- 동기는 전적으로 권력과 통제이다.
- 자기 방식대로 하기 위해 다양한 술책을 사용할 정도로 불쾌한 인물이다.
- 아주 똑똑하지만 그 일을 적절히 해내기에는 경험이나 자격, 기술이 부족하다.

각 경우마다 일단 그런 사람들과 친해지고 나면 지내기가 한결 수월했다. 처음에는 그들을 즉시 알아보지 못했다. 그러면 꼭 문제가 생겼다. 나는 최고 책임자에게 직접 가곤 했는데, 그것이 외교상의 실수라는 사실을 나중에야 깨닫게 되었다. "모든 것은 우선 사라를 통해서 진행되네." "먼저 재니에게 보여 주고 이것이 좋은 아이디어인지 알아봐야겠군." "트레버의 점검을 받은 다음에 다시 오겠나?"

최고 책임자의 주목을 받고 있는 사람에게 먼저 가야 한다는 사실을 깨달을 수 있었다. 정정당당하게 경기하고, 그들을 적으로 만들지 마라. 그들이야말로 진정한 '파워'이다. 당신은 그들에게 경의를 표해야 할 것이다. 그것이 공정하지 못한 일이며, 당신이 그런 걸 싫어한다는 것은 안다. 하지만 시스템이 더 나아질 때까지 우리는 현재 처해 있는 상황을 헤쳐 나가야 한다.

> "실제 권력이 홍보 컨설턴트, 법률 비서,
> 회계 감사원, 고객, 주니어 매니저에게 넘어가 있는
> 회사에서 여러 번 일해 보았다."

6.8 사무실 계급에 관한 법칙을 잘 파악하라

이 법칙은 바로 앞에 나왔던 법칙과 비슷하다. 당신은 누가 최고 책임자의 눈에 들었는지를 알아야 하고, 누가 사무실을 운영하는지를 알아야 한다. 당신은 아마도 꽤 높은 직위에 있을지도 모르겠다. 하지만 마크에게 먼저 상냥하게 말하지 않는다면 당신은 문구류 보관함의 열쇠를 얻지 못할 것이다. 사무실 매니저를 거치지 않고 매점에 차를 주문함으로써 식당 직원을 화나게 하면 당신의 모닝 티는 차갑게 배달될 것이다.

사무실 관례와 계급은 구식이고, 좀스럽고, 옹졸하고, 낡아 빠졌지만, 아직도 우리 주변에 많이 남아 있다. 타이핑해야 할 거리를 사무실 매니저에게 가져가야 하는 사무실에서 일한 적이 있었다. 그다지 오래된 일도 아니다. 그러면 사무실 매니저는 그것을 타이피스트에게 건네주고, 나중에 그것이 완성되어 다시 내게로 돌아왔다.

문제는 이것이었다. 사무실 매니저를 화나게 하면 내 타이핑 작업은 가장 일 못하는 타이피스트에게 넘겨지게 된다. 이렇게 되면 완성본이 늦게 돌아올 뿐만 아니라 실수투성이에, 커피 흘린 자국에, 틀린 글자투성이에, 복사본도 없는 상태로 돌아오는 것이다. 사무실 매니저를 화나게 하는 일은 예를 들면 그녀 가까이에서 담배를 피운다든지, 경멸적인 태도로 최고 책임자에 관해 말한다든지, 욕설을 한다든지, 옷을 캐주얼하게 입고 출근한다든지 하는 일 등이었다.

일단 사무실 매니저와 잘 지내게 되자 모든 상황이 나아졌고, 타이피스트도 시간에 맞추어 완벽하게 일을 끝내 주었다.

예전에는 다 그랬다고, 그러니 그런 것에 불평하면 안 된다고 말할 수도 있을 것이다. 옳은 말이다. 하지만 그녀는 우리 사무실 매니저도 아니었고, 나는 가끔 타이핑 의뢰만 좀 했을 뿐이었다. 게다가 나는 높은 직급에 있었다. 그런데도 나는 이렇게 계급을 따져서 올라가야 했고, 나보다 낮은 직급에 있는 사람에게 잘 보이기 위해 노력해야 했다. 그것도 아주 하찮고 일상적인 일을 해 달라고 하기 위해서 말이다. 정말 미칠 노릇이었다. 겨우 문서 한 장 완성하기 위해 그 사무실 매니저를 구슬리느라 많은 시간을 투자해야 했다. 정말이지 시간 낭비에, 비생산적이고, 치사한 일이었다. 그러나 당신 말이 맞다. 우리는 주어진 상황을 그대로 받아들여야 한다.

그렇다면 우리는 어떻게 해야 할까? 공명정대하게 행동한다. 우리는 미소를 띠어 보이며 그들을 구슬릴 수밖에 없는 것이다.

> "사무실 관례와 계급은 구식이고,
> 좀스럽고, 옹졸하고, 낡아 빠졌지만,
> 아직도 우리 주변에 많이 남아 있다."

6.9 남들을 결코 비난하지 마라

모두들 오늘 점심 시간에 와인 바에 가려고 한다. 당신은 그것을 아주 싫어한다. 담배 연기도 싫고, 왁자지껄한 소음도 싫고, 지난밤 TV 프로에 관한 공허한 수다도 싫다.

그러나 당신은 그들에게 이렇게 말할 것인가? 아니, 그러지 마라. 당신은 그 무리 중 하나가 되어야 한다. 그들과 잘 융합하라. 실제로 그들과 함께 있지는 않지만, 비록 몸은 그러지 못해도 정신적으로는 그들과 함께 있다고 생각하게 만들 필요가 있다. 그건 아주 쉽다. 쇼핑을 좀 해야 한다거나, 친구를 만나야 한다거나, 체육관에 가야 한다고 말하며 그곳에서 벗어나라.

그들이 점심 시간을 어떻게 보내건 결코 비난하지 마라. 그들은 당신을 아웃사이더로 생각하게 될 것이다. 사무실에 남아 다 못한 일을 마저 하겠다고 말하지도 마라. 당신을 불쾌한 사람으로 생각하게 될 것이다. 그러나 쇼핑을 하러 간다고 말하고는 맛있는 샌드위치와 청량음료, 그리고 노트북 컴퓨터를 가지고 차 안에 머물기 편한 장소를 찾아 주차하라. 그러면 당신은 일을 마저 끝낼 수 있게 되고, 그들에게는 그 사실을 알릴 필요가 없게 된다.

점심 시간에 술을 마시는 것은 건강에도 해롭고 비생산적이라는 당신 생각을 사람들에게는 말하지 마라. 당신은 잠시만 있다 가겠으니 계속 즐기라고 말하라. "내 것도 하나 시켜 줘." 이런 식으로 하면 점심 시간에 몰려간 사람들은 당신을 '그들 중 하나'로 받아들일 것이다. 실지로 그들

가운데 하나가 될 필요도 없이 말이다. 그들을 비난하지 않는다면 당신은 그들 중 하나로 인정받을 것이다.

어쩌면 그들은 화요일 저녁에 모두 볼링을 하러 갈지도 모른다. 당신은 "하지만 볼링은 얼간이들이나 하는 거잖아?"라고 말하면 안 된다. 대신 "아, 화요일 밤? 그날 밤에는 어머니와 영화 보러 가기로 했는데 어쩌지?"라고 말하라. 그렇지 않으면 당신의 자존심과 기준과 그들에 대한 비판적인 생각을 꿀꺽 삼키고 그들과 함께 볼링을 하러 가라. 누가 알겠는가? 어쩌면 정말 재미있을지도 모르지 않은가? 당신은 사람들과 잘 어울려야 한다. 당신이 그들에 관해 비판적으로 생각한다는 사실을 드러내 보이면 안 된다. 그것이 현명한 처사이다.

남들이 여가 시간을 어떻게 보내든, 돈과 인생을 어떻게 낭비하든 그것은 당신이 참견할 문제가 아니다. 당신이 취할 수 있는 현명한 처사는 자신의 길에만 초점을 맞추고, 남들이 선택한 길은 모르는 척하는 것이다. 당신이 가고 있는 길에 계속 정신을 집중하라. 그리고 남들이 하는 일에는 절대 신경 쓰지 마라. 남들 일에 신경 쓰지 않으면 남들에 대한 판단을 쉽게 멈출 수 있다. 판단을 하게 되면 자신을 어떤 카테고리 안에 넣게 되고, 그러면 유연하게 대처하면서 상황마다 쉽게 옮겨 다니기가 훨씬 힘들어진다. 남들을 판단하면 자기 자신도 판단하게 된다. 그러면 불편해진다.

6.10 집단 심리를 이해하라

사람들은 가족, 친구들, 직장 동료, 도시, 국가, 민족, 연대 같은 '안전한 작은 집단' 만들기를 좋아한다. 그리고 이런 집단을 지키기 위해 맹렬하게 싸운다. 만일 당신이 그들을 위협한다면, 아니 더 중요하게는 위협한다는 생각이 들면 그들은 당신을 싫어하게 될 것이다. 그러니 그들을 위협하지 마라. 이러한 집단 심리는 매우 중요하므로, 당신은 그들과 잘 융합하는 것이 중요하다는 점을 알아야만 한다.

당신이 속한 무리가 사자 떼라고 가정해 보자. 당신은 먼지 구덩이에서 구르고, 포효하고, 얼룩말을 잡아먹고, 아주 사납게 굴며 나머지들과 융합할 것이다. 당신은 사자가 되는 것이다. 그렇다고 항복하거나 약해질 필요는 없다. 모든 무리에는 우두머리가 있다. 즉, 우두머리 사자가 있다. 당신은 융합하면서도 여전히 돋보일 수가 있다. 책임을 맡고, 무리의 리더가 되고, 최고 책임자가 됨으로써 말이다.

융합한다는 것은 겁쟁이가 아닌 카멜레온이 됨을 의미한다. 융합하라는 말은 당신에게 정체성을 포기하거나, 아무 생각 없는 복제 인간이 되거나, 개성과 감각을 모두 버리라는 뜻이 아니다. 당신이 할 일이라고는 집단 심리를 잘 이해하고, 자신을 위해 그것을 이용하는 것뿐이다. 예전에 어떤 직원은 시스템을 잘 이해하지 못해 그 무리의 사람들, 즉 동료들에게 공격을 당하고 결국 눈물까지 흘린 일이 있었다. 그는 나머지 사람들과 같지 않았다. 동료들은 그가 두려워한다는 것을 눈치 채고는 그를 맹렬히 비난했던 것이다.

당신은 속담에 나오는 '양의 탈을 쓴 늑대'가 되어야 한다. 양들이 당신을 받아들인다면 당신은 그들과 함께 자신이 원하는 많은 것들을 할 수 있다. 하지만 당신에게서 조금이라도 늑대의 느낌을 눈치 챈다면 그들은 불안해지기 시작할 것이다.

모든 집단을 연구하라. 그러면 일치하는 부분이 있음을 알게 될 것이다. 그들은 모두 양 떼처럼 되기를 원한다. 그러면 다음과 같은 느낌을 가질 수 있기 때문이다.

- 안정감
- 편안함
- 안전함
- 보호감

그들이 생각하는 모든 것들이 완전하게 이루어져 있다. 그러므로 그들은 편안하고 안락하게 풀을 뜯을 수 있다. 자신들이 보호받고 있다는 사실을 알기 때문이다. 당신은 그런 것이 필요 없다. 당신은 양 떼를 공격하는 늑대이다. 독립적이고 탐욕스럽게 사고하라.

> "융합하라는 말은 당신에게
> 정체성을 포기하거나
> 아무 생각 없는 복제 인간이 되거나
> 개성과 감각을 모두 버리라는 뜻이 아니다."

RULE 법칙 7

한 단계 앞서 행동하라

만 일 당신이 계속해서 위로 올라가고자 한다면 지금 연습을 시작하는 것이 좋다. '법칙 7'은 당신의 현 위치보다 한 단계 위 직급이 가진 매너리즘, 태도, 경영상의 특징을 어떻게 받아들여야 할지를 알려 준다. 당신이 이미 승진한 것처럼 보인다면 아마도 곧 그렇게 될 것이다.

7.1 한 단계 앞선 복장을 하라

내가 부(副)매니저였을 때, 나는 그 수준에 맞는 복장을 하고 다녔다. 매니저가 되고자 했을 때는 매니저의 복장을 연구했고, 더불어 제너럴 매니저의 복장까지도 연구했다. 제너럴 매니저처럼 입고 다니기로 결정하자 나는 매니저의 직위를 뛰어넘어 제너럴 매니저로 승진되었다. 각 직급에는 그에 어울리는 스타일이 있다. 당신은 자신이 원하는 일을 선택할 수 있다. 그리고 그 직위에 맞는 복장을 선택할 수 있다. 그러면 당신은 그 자리를 차지하게 될 것이다. 이것은 아주 간단하다. 당신이 그 직위에 올라가 그 일을 잘 해낼 수만 있다면 말이다. 걸어야 비로소 날 수 있는 것이다.

한창 때 여러 직위의 충원을 위해 많은 사람들을 면접해 본 경험이 있다. 그런데 사람들의 면접 복장을 보고 나는 놀라지 않을 수가 없었다. 그들이 정말 취업을 원하기는 하는 것인지 의문스러웠다. 고위급 관리직을 뽑기 위한 면접에서 지원자들은 다 낡아 빠진 양복을 입거나, 다림질을 하지 않은 셔츠나 블라우스를 입거나, 구두를 닦지 않았거나, 머리를 빗지 않고 나타났다. 나는 고위급 관리직에 그런 사람들을 고용하고 싶지는 않았다.

나는 고위급 경영진을 뽑기 위한 면접도 해보았다. 이런 면접에 사람들은 늦게 오거나, 장소를 잘못 찾아가거나, 날짜를 잘못 알고 오거나, 잘못된 정보를 가지고 있거나, 엉뚱한 직업을 찾고 있었다.

훈련을 받아야 할 신입 사원을 뽑기 위한 면접에 경력자들이 오기도 했다. 전혀 생각지도 못했던 일이었다.

어떤 일을 하고 있건 간에 당신은 그 다음에 올라갈 단계를 눈여겨보고 있어야 한다. 지금까지 그렇게 하지 못했는가? '법칙 3: 계획을 가져라'를 참고하라. 당신이 어떤 직위를 눈여겨보고 있다면 지금 누가 그 일을 하고 있는지 틀림없이 알 것이다. 그들을 연구하라. 그들은 무엇을 입고 있는가? 어떤 복장을 하고 다니는가? 어떤 스타일이며, 어느 정도의 세련미를 갖추고 있는가? 그들의 옷 입는 방식에서 배울 점이 있는가? 그것을 지금 당장 따라 할 수 있겠는가? 따라 하라는 말은 곧 그렇게 옷 입는 방법을 배우라는 뜻이다. 세련된 비즈니스 정장을 입어야 한다면 그렇게 입는 데 익숙해지도록 하라.

새로운 일을 시작하면서 동시에 새로운 스타일로 옷을 입기 시작해야 하는 것만큼 힘든 일도 없다. 깃이 잘 맞지 않거나 구두가 너무 꼭 끼어 어색해 보일 것이다. 세련된 정도가 당신에게는 전혀 어울리지 않을 수도 있다. 당신은 계속해서 치맛자락을 아래로 잡아당긴다든지, 어색한 넥타이를 똑바로 고쳐 맨다든지 하게 된다.

> "당신은 자신이 원하는 일을 선택할 수 있다.
> 그리고 그 직위에 맞는 복장을 선택할 수 있다.
> 그러면 당신은 그 자리를 차지하게 될 것이다."

7.2 한 단계 앞선 태도로 말하라

당신 사장의 말하는 태도는 어떤가? 나는 당신이 원하는 자리가 '사장'이라고 생각한다. 그렇지 않다면 도대체 어떤 자리를 원하고 있단 말인가? 그럼 내가 지금까지 시간 낭비를 하고 있었다는 말인가? 자, 당신은 어떤 자리를 원하는가? 당신의 사장부터 시작해 보자. 그의 말하는 태도는 어떤가?

내가 말하고자 하는 것은 바로 '사장들은 어떻게 말하는가?'이다. 더 설명하자면, 억양이나 발음과 같이 말소리가 어떻게 들리느냐가 아니라 말하는 내용이 무엇이냐는 것이다. 장담컨대 당신은 '나'라는 말을 많이 쓰는 반면 당신 사장은 '우리'라는 말을 훨씬 더 많이 사용하며 말할 것이다. 당신이 직원의 입장에서 말한다면 당신 사장은 회사를 대표하는 입장에서 말할 것이다.

직위가 올라갈수록 다음과 같은 일은 덜 하게 된다.

- 공허한 수다
- 남의 험담
- 욕설
- 지난밤에 TV에 나왔던 내용이나, 업무와는 전혀 관계가 없는 이슈에 관한 말: 사장들은 집중력이 훨씬 뛰어나고, 시간을 덜 낭비하는 경향이 있다.
- 불평 늘어놓기: 사장들은 좀더 사려 깊고, 말을 하기 전에 잠시 쉬는

경향이 있다. 적어도 훌륭한 사장들은 그렇다.

　그러므로 한 단계 위에서 말하고자 한다면 당신은 좀더 신중해질 필요가 있고, 업무와 관련이 있는 이슈에 관해서만 말하고, '나' 보다는 '우리' 라는 단어를 사용해서 말하고, 집중력이 뛰어나고 다이내믹해야 하며, 개인적인 세세한 내용은 혼자 간직해야 한다. 사장들은 자신의 사회생활에 관해 수다 떨거나 남의 뒷말을 하지 않는다.

　당신이 해야 할 일은 어른이 되어 다른 직원들을 아이처럼 다루며 말하는 것이다. 그렇게 하면 당신은 침착하고, 말수가 적고, 성숙하고, 책임감 있고, 믿음직하고, 신중해진다.

　침착해지라고 한 것은 거만해지라는 의미가 아니다. 당신은 그 동안 이런 간단한 실수를 저지르는 매니저를 많이 보았을 것이다. 거만한 태도는 직장에서 적절하지 못한 태도이다. 거만은 교만이며, 중요한 척 위선을 떠는 것이다. 침착한 태도는 약간의 절제력을 발휘하면서 초연한 태도를 취하는 것이고, 경험과 기술과 타고난 재능에 의해 우수성이 드러나는 것이다.

> "당신은 집중력이 뛰어나고 다이내믹해야 하며,
> 개인적인 세세한 내용은 혼자 간직해야 한다.
> 사장들은 자신의 사회 생활에 관해 수다 떨거나
> 남의 뒷말을 하지 않는다."

7.3 한 단계 앞서 행동하라

지금까지는 한 단계 위의 입장에서 옷을 입고, 말하라고 했다. 이제 당신은 한 단계 위의 입장에서 행동해야 한다. 안다. 너무 지나치고, 힘들고, 어렵다는 것은 나도 안다. 이것이 쉬울 거라고 누가 그랬단 말인가? 나는 그렇게 말한 적 없다. 나는 처음부터 어려울 거라고 말했었다. 보통 사람들처럼 일하는 것보다는 어려운 게 사실이다. 법칙의 선수가 되기 위해서는 더 많은 노력이 필요하며, 세세한 부분에 좀더 주목해야 하고, 그냥 열심히 일하는 것보다 훨씬 더 열심히 일해야 한다. 그러나 그 결과는 환상적이다. 사실 법칙의 선수가 되면 당신에게는 저절로 승진의 자격이 갖추어지는 셈이다. 법칙의 선수가 될 수 있다면 승진될 자격이 있다는 것이다. 이것은 일종의 자기 성취 예언과 같은 것이다. 법칙을 수행하기 위해서는 인격과 의지력, 결단력, 정직성, 용기, 경험, 탁월한 재능, 헌신적인 태도, 추진력, 그리고 배짱과 카리스마가 필요하다. 만일 당신이 이미 이 모든 것을 가지고 있다면 당신은 어쨌든 승진될 것이다.

그러니 한 단계 앞서 행동하라. 당신 사장이 사무실로 들어가는 모습을 잘 살펴보라. 무언가를 눈치 챘는가? 사장들이 전화를 받고, 직원들에게 말하고, 고객을 접대하고, 펜을 쥐고, 코트를 걸고, 사무실 문을 열고, 앉고, 서고 하는 모든 행동 방식을 관찰하라. 장담컨대 그들은 하급 직원이나 보수유지팀, 또는 판매부 직원이나 마케팅부 직원 및 홍보 담당 직원들과는 다르게 움직인다는 사실을 눈치 챘을 것이다.

한 단계 앞서 행동하기 위해서는 다음과 같은 것들이 필요하다.

- 스스로에 대한 좀더 강한 확신
- 좀더 성숙한 태도
- 좀더 충만한 자신감

당신은 느긋하고 유쾌하며 세련되어야 한다. 아니, 그렇다고 해서 잘난 척하거나 공격적이어서는 안 된다. 간단한 예로, 당신은 개인 사무실을 가지고 있는가? 사람들이 당신 사무실 문을 노크하는가? 그러면 당신은 뭐라고 대답하는가? 상냥하게 "어서 들어오세요."라고 하는가, 아니면 한 단계 앞서서 "들어오시오."라고 하는가? 더 높이 올라갈수록 낭비할 시간이 적어진다. 당신은 좀더 능숙하고 기민하며 산뜻하고 적절해야 한다. 당신에게는 불필요한 말을 하거나 길게 표현할 시간이 없다. 간단히 "들어오시오."라고만 하는 것이 더 적절하다. 당신 역시 적절해져야 한다. 이것은 비밀이다. 다음으로 넘어가자.

> "법칙을 수행하기 위해서는 인격과 의지력, 결단력,
> 정직성, 용기, 경험, 탁월한 재능, 헌신적인 태도, 추진력,
> 그리고 배짱과 카리스마가 필요하다."

7.4 한 단계 앞서 생각하라

우리는 적절함에 관해 이야기했다. 한 단계 앞서 생각한다는 것은 즉, 적절하게 생각한다는 것이다. 당신에게는 다음과 같은 생각으로 낭비할 시간이 없다.

- 이것이 내 커피 타임에 어떤 영향을 미칠까?
- 이것은 내가 여전히 휴가를 받을 수 있음을 의미하는 걸까?
- 나는 더 오랜 시간 동안 더 열심히 일해야 할까?
- 이것으로 내 위신이 좀더 올라갈까?

대신 당신은 다음과 같은 생각은 해야 한다.

- 우리 부서를 위해서는 이것이 더 좋을까?
- 이것 없이도 우리 회사는 잘해 나갈 수 있을까?
- 우리 사장들은 직원들에게 이것을 설득할 수 있을까?
- 고객들이 이것에 만족할까?

무슨 말인지 알겠는가? 핵심을 간파했는가? 당신은 직원이 아니라 사장처럼 생각하기 시작해야 하는 것이다. 당신은 자신의 개인적이고 사소한 일에 어떤 영향을 미칠 것인가를 생각하기보다는 회사의 관점에서 사물을 보게 될 것이다.

- 큰 그림을 보라.
- 전체 그림을 보라.
- 그 그림을 마음속에 그려라.
- 그림을 감독하라.
- 그림을 만들어 내라.
- 엑스트라 역할을 그만두어라.

나는 이런 법칙들이 당신에게 한 개인이 되는 방법, 스스로 생각하는 방법, 자립하는 방법을 가르친다고 생각한다. 그러나 다 잘할 수 있다면 당신에게는 이런 법칙들이 필요 없을 것이다. 하지만 그렇지 못하다면 과연 이런 법칙들이 당신을 가르칠 수 있을까? 물론이다. 페이지를 넘겨 계속 읽어라.

> "당신은 직원이 아니라
> 사장처럼 생각하기 시작해야 한다."

7.5 회사의 관점에서
이슈와 문제를 다루어라

우리는 자신의 관점이 아니라 회사의 관점에서 사물을 보는 것에 관해 이야기했다. 이것을 좀더 발전시켜 당신은 회사에 관한 이슈와 문제에 관해서만 이야기해야 한다. 혼잣말을 하거나 가까운 동료에게 말할 때조차도 말이다. 그들에게 당신이 이미 사장이라는 확신을 심어 주어야 하는 것이다. '법칙 7.9'를 참고하라.

내가 첫 책을 쓰던 때와, 그 책의 모양에 관해 지독하게 관여했던 것이 생각난다. 표지는 괜찮은지, 느낌은 좋은지, 냄새는 괜찮은지 등등. 모든 사소한 사항까지 점검하느라 끝없이 이어지는 지겨운 내 전화에 질려 버린 마케팅 책임자는 마침내 "콩 통조림입니다, 콩 통조림."이라고 말했다. 나는 무슨 말인지 알 수 없었다. 그는 쉬운 말로 다시 설명해야 했다. 각 책은 하나의 제품이다. 즉, 하나의 '콩 통조림'이라는 것이다. 선반 위에 놓인 그것은 나 같은 일개 작가가 통제할 수 없는 요소에 의해 팔리기도 하고, 또 안 팔리기도 한다. 예를 들면 선반 위에 놓인 책의 위치, 가까이에 놓인 경쟁 서적, 서점이 우연히 제공하게 된 할인율 등에 따라 달라진다는 것이다. 표지 색깔이 어떤지 등과 같은 유혹적인 요소들을 포함해 이런 모든 요소들이 판매에 영향을 미칠 수 있다. 내가 할 일은 텍스트를 제공한 다음, 회사 차원의 이슈에 관해 생각하는 것이었다. 예를 들면, 특정 회계 기간에 얼마나 많은 콩 통조림이 팔리는지, 특정한 콩 통조림의 내 퍼센티지는 얼마나 되는지, 다음 콩 통조림은 어떤 것이 될 것인지, 그리고 다음번에는 우리가 그들에게 스파게티를 팔 수 있을 것인지 등이다.

문제가 발생하면 그 사태를 자신의 관점에서 보기가 쉽다. 그것이 나에게 어떤 식으로 직접적인 영향을 미칠 것인지를 생각하게 된다. 하지만 일단 회사 차원에서 말하는 단계로 올라가게 되면 그런 식으로 생각하기를 멈추고 '회사 관점에서 문제 보기'를 시작하기가 더 쉬워진다. 그렇다고 당신에게 회사의 인간 낚싯바늘이나 낚싯줄, 낚싯줄에 달린 추가 되라는 것은 아니다. 사실 당신은 솔직하게 자신의 견해를 표현할 수 있다. 만일 그것이 불쾌한 것이라면 불쾌한 것이라고 말해야 한다. 그러나 회사의 관점에서 그렇게 말해야지 당신 자신의 관점에서 그래서는 안 된다.

만일 회사가 새로운 절차를 제시한다면 그것이 당신이 아닌 당신 고객들에게 어떤 영향을 미칠 것인지 즉시 생각하라.

> "만일 회사가 새로운 절차를 제시한다면
> 그것이 당신이 아닌 당신 고객들에게
> 어떤 영향을 미칠 것인지 즉시 생각하라."

7.6 '나'보다는 '우리'에 관해 이야기하라

예전에 내가 일했던 회사 사장은 우리에게 누구를 위해 일하는지를 물은 일이 있었다. 우리는 다음과 같이 대답했다.

- 우리 자신
- 우리 가족
- 우리 은행 매니저들
- 우리의 자부심
- 우리 사장
- 경영진
- 회사의 이사회
- 고객
- 국내 수익
- 정부

그는 이 모든 대답에 대해 점잖게 "아니오."라고 말했다. 우리가 주주들을 위해 일하는 것이라는 설명이었다. 바로 이것이다. 우리는 바로 그들을 위해 일한다. 당신 회사의 주식을 사라. 그러면 당신은 이제 자신을 위해 일하는 것이 되고, 그렇게 되면 이제 '나' 대신 '우리'라고 말하기 시작할 것이다.

당신은 이제 주주가 되었으므로 회사의 절차에 관해 이야기할 때, 그것이 직원들이 아닌 '우리 주주들'에게 어떤 영향을 미칠 것인지를 생각할 수 있게 되었다. 회사 주식을 구매하기 전에는 당신도 직원 중 하나였지만, 지금은 아니다.

회의에 참석해 '나' 대신 '우리'라고 말한다면 당신은 훨씬 더 성숙하고 침착하게 보일 것이다.

"나는 이 절차가 형편없다고 생각합니다."라고 말하는 대신 "만일 우리가 이 새로운 절차를 이행하게 된다면 그 전에 우리는 우선 평사원들의 반응을 평가해야 할 필요가 있습니다."라고 말하는 것이다.

"이 지겨운 전시회도 이제 겨우 2주밖에 안 남았는데, 나는 아직 아무것도 해 놓은 것이 없어서 정말 당황스럽습니다."라고 말하는 대신 "우리는 우선 그 전시회에 관해 의논할 시간을 정해야 합니다."라고 말하는 것이다.

> "회의에 참석해 '나' 대신 '우리'라고 말한다면
> 당신은 훨씬 더 성숙하고 침착하게 보일 것이다."

꾸준히 걸어라

이제 당신은 모든 짐을 한데 꾸린 다음 꾸준히 걸어야 한다. 당신은 자신이 원하는 어떤 사람이든, 어떤 것이든 되어야 한다. 이것은 흉내 내기가 아니라 훈련이다. 꾸준히 걷지 않는다면 당신은 그 일을 할 수 없다.

그러나 초반에 우리가 했던 말을 명심하라. 당신은 그것들을 생각해낼 수 있어야 하고, 그 일을 해낼 수 있어야 한다. 그것도 잘할 수 있어야 한다. 그것은 가장 기초가 되는 부분이다. 만일 그 일을 할 수 없다면 무대에서 퇴장하라.

이러한 법칙들은 헛소리를 하는 사람들이나 거짓말쟁이들을 위한 것이 아니다. 정말 부지런하고, 재능 있고, 근면하고, 천부적인 사람들, 상당한 노력을 투자하고 정열을 불태울 준비가 된 사람들을 위한 것이다.

당신이 정말 하고 싶은 일을 연구하라. 지금 그 일을 하고 있는 사람은 누구인가? 그들이 지금 당신의 일을 하고 있다고 생각하는 방법을 익혀라. 그들은 일을 어떻게 처리하고 있는가? 상사들이 당신을 평가하는 방식으로 당신도 상사들을 평가하는 방법을 익혀라. 당신 상사가 일하는 방식에 관해 불평하거나 투덜대지 마라. 대신 그들의 실수를 관찰하고, 그것에서 배워 유익하게 이용하라. 그들이 어느 부분에서 잘못하는지 관찰하고, 결코 같은 실수를 하지 않겠다고 맹세하라. 그들이 탁월하게 잘하는 것이 무엇인지 관찰하고, 그들의 현명한 행동들을 지금부터 연습하기 시작하라.

만일 자신의 걸음걸이대로 걸으려 한다면 당신은 그에 맞는 매너리즘,

복장 규범, 대화법, 행동 방식, 대응 자세, 태도 등을 갖추어야 한다. 당신은 다음의 4가지 핵심 계획을 수행하기 위해 상당한 시간을 투자할 준비를 갖추고 있어야만 이것들을 얻을 수 있다.

- 관찰하기
- 익히기
- 연습하기
- 구체화하기

이 4가지를 할 준비가 되었다면 당신은 날아갈 것이다. 물론 당신이 지금 무엇을 하고 있는지 아무에게도 알리지 않은 채 실천해야 한다. 일상적인 업무 또한 잘 해 나가면서 말이다. 너무 어려운 주문인가? 물론 그렇다. 누가 쉬울 거라고 했는가?

> "당신은 자신이 원하는 어떤 사람이든,
> 어떤 것이든 되어야 한다."

7.8 고위급 간부들과 더 많은 시간을 보내라

당신의 직급이 무엇이든 상관없이 당신은 고위급 간부들과 시간을 보낼 수 있다. 당신이 잘 조절하기만 한다면 그들은 전혀 깨닫지 못할 것이다. 그러나 당신을 주목하게 되면 당신은 침입자나 스파이, 방해자, 불청객으로 지목될 것이다. 우리가 어렸을 때, 조용히만 있으면 어른들 파티에서 쫓겨나지 않을 수 있었던 것을 기억할 것이다. 어른들은 우리가 그곳에 있다는 사실을 잊어버렸던 것이다. 그러나 일단 주목을 받게 되면 우리가 마땅히 있어야 할 곳, 즉 침대로 끌려가야 했다. 하급 직원의 경우도 마찬가지이다. 당신은 주변을 왔다갔다하면서 배울 수 있다. 하지만 나서지는 마라. 비유적으로 말하자면, 그럴 경우 당신은 다시 침대로 보내지게 될 테니까.

내가 하급 직원이었을 때, 고위급 간부들은 회의가 끝난 후에도 잔여 부분을 심사숙고하는 등의 일을 하면서 자기들끼리 머뭇거린다는 사실을 알게 되었다. 하급 직원들은 고위급 간부들이 잡담을 나누도록 놔두고 황급히 떠났었다. 나는 탁상을 닦거나, 재떨이를 비우거나 하면서 조용히 남아 있으면 많은 것을 얻어들을 수 있고, 경우에 따라서는 조언을 할 수도 있다는 사실을 알 수 있었다. 당시에는 하급 직원들이 그런 허드렛일을 하는 것이 관례이기도 했다. "아, 리처드. 자네도 새로운 인보이스 절차에 한 부분으로 속해 있지? 자네는 어떻게 생각하지?" 내가 빛을 발할 수 있는 기회였다. 나는 물론 잘난 척하며 나섰다. 그러나 말을 더듬거리며 얼굴이 붉어졌고, 곧 혀가 굳어 버려 쓸모없는 인간이 되어 버렸다. 하지만 그 다음번에는 좀더 잘할 수 있게 되었고, 결국에는 아주 잘하게 되었다.

어떤 중요한 문제를 나에게 물은 일이 있었다. 그때 나는 말도 조리 있게 했었고, 자신감도 있었으며, 성숙해져 있었다. 이상하게도 나는 그 직후 승진의 사다리를 아주 빠르게 올라갈 수 있었다. 이것은 구식 영국 회사에서 일하던 때의 일이었는데, 그들의 승진 루트는 매우 고착화되어 있어 정해진 과정을 따라갈 수밖에 없는 상황이었다. 하지만 나는 이런 승진 시스템을 피해 우회해 갈 수 있었다. 나는 이것이 다 고위급 간부들 주변을 맴돈 덕분이라고 생각했다.

때로는 점심 시간이나 사교 모임에서 사장이 혼자 앉아 있는 것을 볼수 있을 것이다. 대부분의 직원들은 너무 긴장한 나머지, 사회 계층 따위에 지나치게 얽매인 나머지 사장에게 다가가 말을 걸지 못한다. 그런 건 잊어버려라. 다가가서 가벼운 이야깃거리로 말을 걸어라. 직원들이 말을 걸어 주는 것에 대해 사장들이 매우 고마워하는 경우가 많다는 사실에 당신은 놀랄 것이다. 사장도 인간이기 때문에 외로움과 고독과 소외감을 느끼기 때문이다. 그들은 잡담을 나누게 된 것을 기쁘게 여긴다. 당신이 그것을 이용하려 들거나, 봉급 인상이나 업무 시간 단축, 휴가에 관해 물어 보는 것만 아니라면 말이다. 하지만 그들의 경험을 물어 보는 것은 좋다. 예를 들어, "존슨 여사, 여사는 어떻게 마케팅 일을 하시게 되셨나요?" 같은 것이다.

거기에서 유용한 조언을 얻을 수도 있다는 것을 당신도 알게 될 것이다. 이것은 또한 다음 법칙인 '사람들이 당신은 이미 그 단계에 올라섰다고 생각하게 만들어라'를 위한 준비이기도 하다.

7.9 사람들이 당신은 이미 그 단계에 올라섰다고 생각하게 만들어라

제너럴 매니저처럼 행동하라. 그러면 사람들이 당신을 제너럴 매니저로 받아들이게 될 것이다. 당신이 하급 직원처럼 행동하면 사람들도 당신을 그렇게 생각할 것이다. 그렇다면 어떻게 해야 사람들이 앞의 예처럼 생각하도록 만들 수 있을 것인가?

- 자신감을 가져라. 강인하고 성숙해져라. "네, 우리는 그 일을 할 수 있습니다. 즉시 그 일에 착수할 수 있다고 확신합니다."라고 말하라.
- 만일 당신이 운동화에 운동복을 입고 출근한다면, 세련된 비즈니스 정장을 입고 와 이미 승진한 사람처럼 보일 때만큼 사람들의 존경을 받지는 못할 것이다.
- 당신은 '나'라고 말하면서 모든 문제에 관해 그것이 당신에게 어떤 영향을 미칠지 말할 수도 있다. 예를 들어, "나는 점심 시간에 일할 수 없습니다. 나도 점심 시간을 누릴 권리가 있으니까요."라고 할 것이다. 그러나 그렇게 말하는 대신 '우리'라고 말하면서 모든 상황을 회사의 관점에서 보고, 전체 조직을 위해 무엇이 최선인지를 생각해야 한다. 예를 들어, "우리는 협력해야 합니다. 나는 점심 시간에라도 이 문제 해결에 도움이 될 일을 하는 것이 즐겁습니다."라고 말해야 하는 것이다.
- 만일 당신이 지난밤에 TV에서 본 것을 말하고, 휴가 때 어디로 갈 것인지 말하고, 주말에 무엇을 할 것인지 말한다면 당신은 좀더 가볍게

보일 것이고, 따라서 하급 직원으로 여겨질 것이다. 당신은 회사의 이슈라든지 당신 부서의 계획, 금리 인상이 향후 몇 달 동안 사업에 어떤 영향을 미칠 것인지, 환율과 유로화에 당신이 어떻게 대처할 것인지 등을 말해야 한다.

기본적으로 당신이 해야 할 일은 사람들이 당신을 가벼운 사람이 아니라 무게 있는 사람으로 받아들이도록 만드는 것이다. 신중하고, 성숙하고, 어른스러운 성인이 되어야 한다. 이것은 당신이 기인이 되거나, 얼간이가 되거나, 기를 쓰고 일하는 사람이 되거나, 정의의 사자가 되거나, 따분한 사람이 되어야 함을 의미하는 건 아니다. 여전히 농담도 하고, 웃고, 미소를 띠고, 명랑하고, 유쾌하고, 재미있고, 원기 왕성하게 지낼 수 있다. 당신은 성숙하면서도 재미있는 사람이라는 인상을 주어야 한다. 사람들이 당신의 다음과 같은 점을 인식하도록 만들어라.

- 그 일을 잘 안다.
- 경험이 있다.
- 신중하다.
- 믿음직하고 책임감이 강하다.
- 신뢰할 수 있다.
- 당신은 이미 자신이 되고자 하는 사람이 되어 있다.

그러므로 유쾌하고, 멋지고, 세련되고, 성숙한 모습으로 다니기 시작하라. 자신의 생각을 적절하게 표현하라. 어떤 일을 제안받았을 때, 반드시 당신은 이미 그 일을 해낼 능력을 갖추고 있어야 한다.

법칙

7.10 다음다음 단계를 준비하라

미안하지만 당신은 편히 쉴 시간이 없다. 당신은 이제 법칙의 선수이고, 이를 충실히 지켜야 한다. 쉬는 날도, 휴식도, 잠깐의 짬도, 다리를 책상 위에 올려놓고 커피를 마시며 허공을 응시할 시간도 없다. 다시 맷돌처럼 돌아가라. 지금까지 당신은 다음 단계, 즉 다음 직위를 눈여겨보았다. 좋다. 그러나 그 후는 어떤가? 당신의 다음 단계는 무엇인가? 다음 타깃은 무엇인가?

당신은 다음 승진을 이루기도 전에 이미 그 다음 단계를 연습하고 있어야 한다. 지금 준비하지 않는다면 언제 준비하겠는가? 만일 당신이 이 게임을 정말 잘한다면 한 단계를 건너뛰어 승진할 가능성은 늘 존재한다. 이것이 항상 당신의 목표가 되어야 한다고 말하는 것은 아니다. 그러나 만일의 경우를 대비해 준비해 두도록 하라.

물론 당신은 장기 계획과 단기 계획을 가지고 있다('법칙 3' 참고). 따라서 자신의 생애 경로를 이미 계획해 놓았을 것이며, 당신의 멋진 여행길에서 따라야 할 단계들을 알고 있다. 지금도 당신은 사람들이 당신은 이미 다음 단계를 이루었다고 생각하도록 만들면서 다음 단계를 연기하고, 그 단계에 맞는 걸음걸이로 걷고, 마치 이미 사장이 된 것처럼 말하고 있을 것이다. 그러나 다음 단계를 준비하는 것이 손해가 되지는 않는다.

당신이 간부가 될 인재라는 점을 사람들에게 알리는 것은 해로운 일이 아니다. 일단 사람들이 당신을 '높이 나는 갈매기'로 생각하는 습관에 빠져 들게 되면 당신은 그런 갈매기가 된다. 만일 당신이 복장을 제대로 갖추지 않고, 시시한 말이나 하면서 자기 일을 제대로 처리하지 못하고, 판에 박은 대로만 일하거나 게으름을 피우는 사람처럼 행동한다면 사람들은 당신을 그런 인간으로 인정하고는 지금의 자리에 그냥 머물라고 할 것이다.

사무실 안을 둘러보라. 판에 박은 대로만 일하는 사람과 게으르게 일하는 사람이 당신 눈에 보이는가? 일개미는? 꾸준히 일하는 사람과 근면한 사람은? 이제 다시 한번 둘러보라. 높이 나는 갈매기, 유력한 인물, 수완가, 정력가가 보이는가? 그 차이를 알 수 있겠는가? 당신이 무엇을 해야 하는지 알겠는가? 그 역할을 연기하는 것이 어째서 당신을 그 일부로 만드는지 이유를 알겠는가? 알겠는가? 알 수 있겠는가?

어떤 단계를 준비하고 있든 당신이 하는 모든 일은 반드시 진짜여야 하고, 참되어야 하며, 그럴 만한 가치가 있어야 한다. 예전에 어떤 젊은이와 일한 적이 있었다. 그는 '높이 나는 갈매기' 타입의 인물로, 다음 단계를 준비하고 있었다. 그는 직장에 올 때 서류 가방을 들고 오기 시작했다. 동료들 중 아무도 서류 가방을 가지고 다니지 않을 때였다. 누구도 그 가방이 필요하지 않기 때문이었다. 어느 날, 레이의 서류 가방이 떨어지면서 열리는 바람에 가방 속 내용물이 만천하에 공개된 것이 문제였다. 가방 속에는 샌드위치와 신문과 열쇠 꾸러미가 들어 있을 뿐이었다. 그에게는 매우 수치스런 일이었고, 우리에게는 당혹스런 일이었으며, 모든 이에게 슬픈 일이었다. 당신의 서류 가방을 진짜 들어 있어야 할 만한 물건들로 채워라. 이런 일이 당신에게도 일어날지 모르니까.

외교술을 연마하라

뛰어난 법칙의 선수들은 기업의 사다리를 빠른 속도로 올라간다. 그들은 외교가이기 때문이다. 그들은 분쟁을 일으키는 것이 아니라 중단시킨다. 그들은 형세를 관망하는 것이 아니라 개선한다. 주변에 평온한 분위기를 조성하는 그들에게 사람들은 조언과 영감을 얻고자 의지하게 된다. 당신도 외교가가 될 것이다. 어떤 상황에 대한 객관적인 평가와 공정한 태도, 그리고 사람들에 대한 공평한 행동으로 당신은 사람들에게 알려지게 될 것이다.

8.1 갈등이 생기면 질문을 던져라

회의 분위기가 점점 흥분되어 가고 있다. 의장은 사태를 잘 조절하지 못하고 있다. 스티브와 레이첼은 또다시 서로를 향해 격렬하게 목청을 높이고 있다. 당신은 어떻게 하겠는가? 질문하라. 언쟁을 하는 사람들의 시선을 어떤 세세한 부분으로 돌려놓으면 위험한 상황을 진정시키기가 쉬워진다. 당신이 언쟁을 중단시킬 필요는 없다. 그것은 당신이 할 일이 아니기 때문이다. 하지만 당신은 외교가 역할을 할 수 있다. 그렇게 하면 당신은 사람들의 주목을 받게 되고, 동료들로부터 존경도 받게 된다.

스티브 쪽을 보며 "스티브, 이 새로운 인보이스가 당신 부서에서 실행 불가능으로 받아들여질 것이라고 확신하게 된 이유가 뭐지요?"라고 묻는다. 만일 레이첼이 언쟁을 계속하려 든다면 그녀에게 그냥 "레이첼, 잠깐만 기다려 주세요. 스티브가 무슨 말을 할지 정말 듣고 싶습니다."라고만 말하라. 당신이 편드는 것이 아니라 상황을 진정시키려 한다는 점을 사람들에게 확인시킨 셈이다. 스티브가 하는 말을 끝까지 들은 다음에는 레이첼 쪽을 보며 "당신은 스티브가 잘못 생각하고 있다고 확신하고 있습니다. 그 이유를 말씀해 주시겠습니까?"라고 질문한다.

당신이 효과적으로 해낸 것은 의장 역할을 인수받고, 최고 책임자가 되어 지휘권을 떠맡았다는 것이다. 이것은 외교적 수완이 뛰어난 것이기도 하고, 영리한 것이기도 하다.

질문을 하는 것은 잠재적으로 폭발 직전에 있는 상황에서 열기를 식혀 주는 역할을 한다. 당신은 언쟁을 하는 사람들 중 한 사람을 향해 간단한 질문을 던진다. 알아듣기 힘든 심리학 용어를 사용하여 스스로 곤경에 빠지지 마라. 예를 들어, "왜 그렇게 느끼시지요?"나 "당신의 분노를 우리와 함께 나누시겠습니까?"와 같은 질문은 하지 말아야 한다. 대신 설명을 들을 필요가 있는 부분에 그들이 초점을 맞출 수 있도록 질문해야 한다. 그들은 당신의 질문에 대한 대답을 생각해 내기 위해 상대로부터 눈을 떼야 할 것이다. 그러면 열기는 식게 되어 있고, 당신은 자신이 훌륭한 외교가라는 점을 이미 증명한 것이 된다.

언쟁을 하는 사람들 중 한 명이라도 얼굴에서 핏기가 가신 것처럼 보이면 이런 개입을 피하라. 핏기가 가신 흰 얼굴은 누군가를 때릴 것임을 의미하고, 열이 올라 빨개진 얼굴은 단지 흥분해서 숨을 몰아쉰다는 것을 의미한다.

의장이 상황을 효과적으로 다루고 있다면 그런 식으로 당신이 개입하지 말도록 하라. 언쟁이 시작되어도 의장은 그 상황을 잘 처리하지 못할 것이 뻔하지만, 어쨌든 그는 애쓸지도 모르므로 당신이 참견하는 것에 화를 낼 것이다. 만일 당신이 그 논쟁에 어떤 식으로든 개인적으로 연관되어 있다면 언쟁에 개입하지 마라.

질문을 하면 대개의 경우 사람들은 주요 논쟁거리에서 세부 사항으로 주의를 옮기게 된다. 그들은 최소한 당신 질문에 대답하려 할 만큼 예의가 없을 정도로까지 매우 화가 나 있어야 한다.

8.2 편들지 마라

편을 들면 당신 역시 언쟁, 싸움, 분쟁의 일부가 되고 만다. 당신은 완전히 객관적인 입장에 서서 확고하게 중립을 지켜야 한다. 당신이 무엇을 하든 반드시 중립을 지키도록 하라. 그러지 않으면 어느 한쪽에서 원래의 언쟁 상대뿐만 아니라 당신도 비난하게 될 것이다. 논란의 내용이 어떤 것이든 당신은 다음과 같이 행동해야 한다.

- 장기적인 안목에서 본다.
- 회사의 관점에서 본다.
- 공정한 태도를 유지한다.
- 침착성을 유지한다.
- 외교술을 발휘한다.
- 편들지 않는다.
- 독립성을 유지한다.

접근 태도가 초연할수록 당신의 지위도 더 높게 보일 것이다. 엉겁결에 편을 들게 되면 당신은 다혈질로 보일 뿐만 아니라 적을 만들게 될 위험도 있다.

당신의 친구와 그보다는 좀 덜 친한 동료가 언쟁을 하게 된 경우는 매우 힘들어진다. 당신 친구는 분명히 고개를 돌려 당신을 쳐다보며 당신을 끌어들이려 할 것이다. "리치, 제발 내가 옳다고 그녀에게 말 좀 해주게."

당신은 그 언쟁에 휘말릴 여유가 없다. 당신은 방어적인 자세로 두 손을 들어 올리며 "나를 끌고 들어가지 말게. 두 사람 모두 언쟁을 그만두고 이 문제를 현명하게 해결하지 않는다면 나는 두 사람 다 각자의 방으로 보내 버릴 거야."라고 말해야 할 것이다. 여기서 당신은 다음과 같은 행동을 한 셈이 된다.

- 이 사태에 관해 농담을 함으로써 긴장을 완화시켰다.
- 당신이 두 사람보다 윗사람이라는 점을 나타냈다.
- 휘말려들지 않았다.
- 편들지 않았다.

"당신이 무엇을 하든 반드시 중립을 지키도록 하라.
그러지 않으면 어느 한쪽에서 원래의
언쟁 상대뿐만 아니라 당신도 비난하게 될 것이다."

8.3 자신의 견해를 밝히지 말아야 할 때를 파악하라

견해를 갖기란 매우 쉬운 일이다. 우리는 모두 각자의 견해를 가지고 있다. 그 견해를 밝히지 말아야 할 때가 언제인지, 그리고 언제 그 견해를 표현해야 할지를 잘 알고 있어야 한다는 것이 문제이다. 대부분의 사람들이 언제 입을 다물고 있어야 할지를 잘 모르는 이유는 자신의 견해가 다음과 같다고 생각하기 때문이다.

- 가치가 있다.
- 지지자가 있다.
- 중요하다.
- 효과가 있을 것이다.
- 똑똑하거나 지적이거나 효율적인 사람으로 보일 것이다.
- 인정이나 사랑이나 주목을 받게 될 것이다.

물론 이것들은 모두 자신의 견해를 표현하기 위한 이유로서 타당하지 않다. 견해를 피력해야 할 진짜 이유에는 그렇게 하도록 요청받은 경우만 해당된다. 견해를 말해 달라는 요청을 받게 되면 그때 당신의 생각을 말하라. 요청받지 않았다면 입 다물고 가만히 있어라.

당신의 견해는 거의 독창적인 것이어야 할 것이다. 당신이 하는 말은 중요하다. 그러니 계획성 없이 자신의 견해를 말해 기회를 날려 버리지 마라. 말도 안 되는 소리를 마구 떠들어대서는 안 된다. 그곳에 앉아 거침

없이 견해를 말해서는 안 된다. 당신은 다음과 같이 하도록 하라.

- 요청받을 경우를 위해 견해를 준비해 두어라.
- 견해를 명확하고 자세하게, 그리고 정확하게 표현하는 법을 익혀라.
- 항상 당신의 견해는 그저 하나의 견해가 아니라 실지로 이행될 해결책인 것처럼 말하라.

당신의 견해가 견해라기보다는 승인된 사실인 것처럼 보이게 만드는 방법이 있다. 그것을 사실로서 표현하는 것이다. "나는 ~해야 한다고 생각합니다."라고 말하지 말고 대신 "우리는 ~해야 합니다."라고 말하라. "제 견해로는 ZX300이 좋은 기계인 것 같습니다."라고 말하지 말고 대신 "ZX300은 좋은 기계입니다."라고 말하라.

즉, 다음과 같은 표현을 피하라.

- 내 생각에는…
- 내 느낌으로는…
- 내 견해로는…

> "견해를 피력해야 할 진짜 이유에는
> 그렇게 하도록 요청받은 경우만 해당된다."

새들이 깃털을 곤두세웠다. 당신은 관련되어 있지 않다. 그것은 당신과 전혀 관계가 없는 일이다. 신경 쓰지 마라. 그리고 다음과 같이 그들을 달래는 역할은 반드시 당신이 맡도록 하라.

- 모든 사람들에게 커피를 한 잔씩 타 준다.
- 몇 명의 자존심을 어루만져 준다.
- 공기를 맑게 한다.
- 창문을 연다.
- 그들이 악수하고 화해하도록 만든다.

만일 상사가 부하 직원을 야단친 경우라면 당신이 위로하고 격려해 줄 대상은 바로 부하 직원 쪽이다. 그리고 상사에게는 다른 태도를 보인다. 가장 좋은 방법은 침묵하면서도 용인하지 않는 태도를 취하는 것이다. 그에게도 커피를 타 주지만, 아무 말도 하지 않는다. 당신은 그런 일을 용인하지 않음을 나타내는 것이다. 따라서 당신이 정말 그보다 더 윗사람이라는 점을 나타내는 것이 된다. 왜냐하면 당신은 그런 실수를 하지 않을 것이기 때문이다. 그러나 계속 침묵하라.

만일 당신이 이를 잘 해낸다면 상사는 당신에게 자신이 야단치거나 소리치거나 훈계한 방식을 어떻게 생각하느냐고 묻지 않을 수 없을 것이다. 그러면 그냥 "그것은 제가 말할 사항이 아닙니다. 그렇지 않습니까?"라고만 말하라. 그러면 그는 분명히 "나는 자네 견해를 존중하네." 또는 "아니, 나는 알고 싶네." 또는 "괜찮네. 자네 생각을 말해 주게."라고 말할 것이다. 그들이 뭐라고 하건 간에 어쨌든 당신은 그를 감동시킨 것이다.

이제 당신은 달래는 역할을 할 수 있고, 외교가로서 수완을 발휘할 수 있다. 형세를 역전시킨 것이다. 그냥 "잘 처리하셨습니다. 트리쉬가 부적절했고, 잔소리를 들을 만했습니다."라고만 말하라. 당신이 무엇을 하건 그의 일 처리 방식을 비판해서는 안 된다. 당신은 그런 것을 용인할 수 없다는 점을 그에게 알리면서도 실지로는 결코 그 사실을 인정하지 마라.

당신이 할 일은 파도를 일으키는 것이 아니라 파도를 타는 것이라는 점을 항상 명심하라. 달래는 사람이 됨으로써 정상까지 파도를 타고 올라가라. 이렇게 함으로써 당신은 친구를 얻고, 반목하는 자들을 화해시키고, 사람들의 존경도 받게 될 것이다.

달래는 역할은 아이들의 싸움을 말리는 것과도 비슷하다. 당신은 누가 먼저 싸움을 시작했는지, 무엇 때문에 싸우는지는 알고 싶지 않다. 누가 누구를 꼬집었는지, 누가 누구를 때렸는지 등의 자세한 내용은 알고 싶지 않다. 당신이 원하는 것은 오로지 평화를 복구하고, 그들이 화해하여 다시 친구로 지내도록 만드는 것이다. 직장에서도 마찬가지이다. 이것이 당신이 원하는 전부이다. 꼬마들에게 사용하는 수법을 똑같이 사용하라.

8.5 절대 평정을 잃지 마라

마케팅부의 피트가 얼마나 짜증나게 만드는지, 연구개발부의 산드라가 미키를 데리고 나가는 것이 당신을 얼마나 화나게 만드는지, 회계가 또다시 계획을 망치려고 들 때 당신 혈압이 얼마나 올라가는지 나는 신경 쓰지 않는다. 당신은 어떠한 상황에서도 평정을 잃어서는 안 된다. 바로 이거다. 예외는 없다. 사소한 불화도 용납될 수 없다. 중대한 결과를 초래할 그 어떤 실마리도 허용할 수 없다. 당신은 결코 이성을 잃어서는 안 된다.

물론 그것이 무대에 올려져 관중에 대한 효과를 노릴 수 있는 경우가 아니라면 말이다. 그러나 그런 경우라면 관중이 보기에 적절한 순간, 적절한 경우, 적절한 대상을 매우 신중하게 선택해야 한다.

그러나 무대에 올려진 경우가 아니라면 절대 평정을 잃지 마라. 그들이 당신을 얼마나 화나게 만드는지, 얼마나 짜증나게 만드는지, 또 당신이 얼마나 정당한지 나는 신경 쓰지 않는다. 평정을 잃는다는 것은 자제력을 잃는다는 것을 의미한다. 법칙의 선수가 가지고 있는 것 중 하나가 바로 자제력이다.

그렇다면 대책을 세워야 하지 않겠는가? 어떻게 해야 침착하게 행동하는 방법을 배울 수 있을까? 쉽다. 눈을 들어 하늘을 보라. 아니, 진지하게 하는 말이다. 당신이 연관되어 있는 일이거나, 마음을 쓰고 있는 일이거나, 당신이 그 문제의 일부일 때만 평정을 잃는 것이다. 만일 당신이 초점을 더 높은 이슈로 옮긴다면, 예를 들어 회사의 이익과 같은 이슈로 옮긴다면 당신을 짜증나게 하는 것이 무엇이든 그것을 새로운 관점에서 보기가 더 쉬워진다.

또 한 가지 방법은 그냥 사무실이나 회의실을 떠나는 것이다. 그저 "나는 이 상황을 참을 수가 없군요."라고만 말하라. 그리고 떠나라. 그러면 사람들은 큰 충격을 받을 것이고, 이것은 대개 효과가 있다.

그렇지 않으면 가만히 앉아 10까지 세도록 하라.

평정을 잃지 않는다는 것은 당신에게 감정 표현을 하지 말라는 의미가 아니다. 당신에게는 다음과 같이 말할 자격이 있다. "당신이 초콜릿 비스킷을 다 먹어 버려서/인보이스를 잃어버려서/또 다른 주요 고객을 화나게 만들어서/상무이사의 주차 공간에 주차해서/푼돈을 훔쳐 가서 나는 정말이지 화가 납니다."

감정적인 블랙 메일이나 협박, 지나치게 독단적인 행동, 징징거림에 대한 굴복은 거부하는 것이 좋다. 그러나 노여움을 억누르는 것은 좋지 않다. 감정이 상했다면 그 순간 즉시 말하라. 그렇게 함으로써 당신은 당장 그 상황을 진정시킬 수 있다. 기분 나쁜 일들을 속에 계속 쌓아 두지 마라. 그러면 당신은 폭발할지도 모른다. 한 번에 한 건씩 해소해 버림으로써 그것이 다시는 머릿속에 떠오르지 않도록 해야 한다.

8.6 결코 인신공격을 하지 마라

부서에 잘못을 하거나 귀찮게 굴거나 해롭게 하는 것은 사람들의 '행동'이다. 결코 '사람들'이 아니다. 그리고 그것이 당신을 괴롭히지는 않는다. 단지 부서의 이익에만 해로울 뿐이다. 이 점을 기억해 둘 수 있는 가장 좋은 방법은 미국인 부모들에게서 유래한 다음과 같은 태도이다. 미국인 부모들은 "그 아이는 나쁜 아이가 아닙니다. 나쁜 짓을 한 착한 딸이지요." 또는 "그 아이는 나쁜 짓을 한 착한 아들입니다."라고 말한다.

그러나 이것은 효과가 있다. 나쁜 것은 그들이 아니라 그들의 행동이다. 당신은 결코 인신공격을 해서는 안 된다.

당신은 다음과 같은 점들을 비판할 수는 있다.

- 그들의 일하는 방식
- 그들의 시간 준수와 태도
- 그들의 동기
- 그들의 대화법
- 그들의 장기적 목표
- 그들의 관심사
- 그들의 사무실 절차에 대한 지식 정도
- 그들의 회사 정책에 대한 이해도
- 그들의 대인 방법
- 그들의 생산성 결과

그러나 당신은 그들에게 결코 게으르고, 무식하고, 쓸모없고, 거짓말 잘하고, 도둑질하고, 불평하는 저질들이라고 말할 수는 없다. 절대로 그럴 수 없다. 그들은 재교육을 받고, 재배치를 받고, 재훈련을 받고, 다시 지도받고, 동기를 부여받을 필요가 있다. 그러나 당신이 그들에 관해 정말로 어떻게 생각하는지를 들을 필요는 없다. 인신공격을 하면 당신은 해고될 수도 있고, 최선의 경우라도 존경심과 친구들을 잃게 된다.

당신 상사에 대해서도 마찬가지이다. 그들이 쓸모없고, 무능력하고, 부패하고, 멍청하다는 것을 알고 있다고 해서 그렇다고 말할 수 있겠는가? 그렇지 않다. 동료들에게도 그럴 수는 없다. 하급 직원이나 열등한 사람들, 그 밖에 모든 사람들을 옹호하는 것이 좋다고 말했던 것을 기억하는가? 당신 상사의 경우도 마찬가지이다. 어떤 일이건 간에 당신은 항상 그를 옹호해야 한다. 결코 상사에 관한 인신공격을 해서는 안 된다. 그와 함께한 자리에서든 그의 주변에서든 결코 인신공격을 해서는 안 된다.

> "인신공격을 하면 당신은 해고될 수도 있고,
> 최선의 경우라도
> 존경심과 친구를 잃게 될 것이다."

8.7 타인의 분노에
대처할 방법을 익혀라

당신이 정말로 남을 화나게 만드는 경우가 있을 것이다. 사실 법칙의 선수가 된다는 것은 남들을 역겹게 만들 수도 있다. 당신이 무얼 하고 있는지 그들이 전혀 모른다고 해도 말이다. '똑똑한 바보'를 좋아하는 사람은 아무도 없다. 당신이 무리로부터 떨어져 나와 산뜻하고 멋지게 보이기 시작하면 당신이 바로 그 '똑똑한 바보'로 보일지도 모른다. 이 때문에 그들은 공격을 가해 올 수도 있다. 당신과 한판 붙어 보고 싶을지도 모른다. 그들의 분노를 어떻게 진정시킬 것인가?

당신은 우선 2가지 타입의 분노가 있다는 사실부터 알아야 한다.

- 정당한 분노
- 전술적인 분노

정당한 분노는 정확히 말해서 '정당한 것'이다. 당신이 차를 몰고 가다가 조금 전 어떤 사람의 발을 치었다. 보지 못한 탓이었다. 그 사람이 화를 내는 건 정당한 일이다. 당신은 어떻게 하겠는가? 차에서 내려 사과해야 한다. 진심으로 사과하라. 당신의 과실이 아니었다고 말하지 마라. 별일도 아닌데 법석을 떨고 있는 게 아니냐고, 나는 예전에 다리가 완전히 찢어졌는데도 눈에 띄지도 못했던 일도 있었다고 말하지 마라. 당신이 왜 길을 제대로 보지 않고 운전했는지 이유를 설명하려고 하지 마라. 전체 상황을 무시하려 들지 마라. "최고급 승용차인 아스톤 마틴이 발 위로 지나가면 당신이 아주 기분 좋아할 줄 알았죠." 그리고, 제발 웃지 마라.

정당한 분노에는 결과가 필요하다. 당신이 무언가 잘못했다면 그들이 하는 말을 귀 기울여 들어라. 그들은 화가 나 있다. 당신이 그들을 화나게 만들었다. 당신이 무엇을 잘못했는지 잘 들어라. 그런 다음 사과하고, 상황을 바로잡기 위한 방법을 모색하라. 당신이 그의 분노를 잘 이해하고 있다는 점을 알려라. 그가 원하는 것을 주지는 못하지만, 그의 감정을 존중한다는 사실만은 알릴 수 있다. 그의 감정을 무시하지 마라. 그는 정당하다.

그러나 전술적인 분노는 완전히 다른 것이다. 이것은 당신이 하고 싶지 않은 일을 하도록 만들기 위해 이용된다. 사람들은 당신을 위협하기 위해 화를 낸다. 최악의 경우에는 그들이 그것을 이용해 원하는 것을 얻도록 내버려 두어야 하는데, 만일 그렇게 된다면 그들은 당신에게뿐 아니라 다른 사람들에게도 그런 행동을 계속할 것이다. 당신은 당장 그런 짓을 못하도록 만들어야 한다. 방법은 간단하다. 그냥 "당신이 나에게 고함치는 것이/위협하는 것이/겁주는 것이/괴롭히는 것이 싫습니다. 당신이 그만두지 않으면/진정하지 않으면/주먹을 내려놓지 않으면/내 멱살을 놓지 않으면 나는 나가겠습니다."라고만 말하라.

그래도 그들이 그만두지 않는다면 그때는 그냥 나가라. 그러면 그만이다. 아무 말도 하지 말고 그냥 그 방에서 나가 버려라. 여러 번 이렇게 대처하면 그들도 당신의 진의를 알게 된다.

8.8 자신의 입장을 고수하라

어떤 방법으로든 당신을 괴롭히거나, 협박하거나, 고함치거나, 때리거나, 겁주거나, 갑자기 놀라게 하거나, 놀리거나, 희생시키거나, 고문할 권리를 가진 사람은 아무도 없다. 당신은 한 사람의 직원이다. 자신의 직무를 적절히 수행하지 않고 있다면 당신은 한쪽으로 불려가 이성적으로 조용하게 잘못을 지적받아야 한다. 그 이외의 것은 모두 학대에 해당된다.

당신은 학대를 거부할 권리가 있다. 그들에게 즉시 학대를 멈추도록 이성적으로 조용히 말할 권리가 있으며, 법적인 힘을 이용할 권리도 있다. 당신은 언제 자신의 입장을 고수해야 할지 알아야 한다.

다른 모든 사람들이 당하는 정도의 약한 수준으로 그들이 당신을 놀리고 있는 거라면 걸어 나갈 수도, 부당 해고를 주장할 수도 없다. 모든 직원들에게 하는 식으로 상사가 가끔씩 당신에게 딱딱거리며 말한다면 그가 비록 잘못했다 하더라도 유럽 인권 법정에 이 문제를 조율해 달라고 요구할 수는 없다. 동료가 또다시 당신 펀치를 슬쩍 가져간다 해도, 당신을 한 방 갈기겠다고 말한다 해도 상원(上院)이 당신 사건을 맡아 주기를 기대할 수는 없다. 우리가 여기서 이야기하고 있는 것은 진짜 학대이다. 바쁜 직장 생활의 혼란 속에서 예상되는 이런 저런 힘든 일들을 말하고 있는 것이 아니다.

자신의 입장을 고수한다는 것은 기준을 정해 모래 위에 선을 긋고는 '이것은 참겠지만 이것은 참지 않을 것이다.' 하거나 '그들이 나에게 이렇게 하는 것은 허용하지만, 이렇게 하는 것은 허용하지 않는다.' 라고 말하는 것과 같다.

자신의 입장을 고수한다는 것은 강인하다는 것을 뜻하며, 강인하다는 것은 자신의 최종 경계선을 자신감 있게 말로 표현하는 것을 의미한다.

- "나에게 그런 식으로 말하지 마십시오."
- "나는 지금 위협과 협박을 느끼고 있습니다. 따라서 이 방을 나가겠습니다."
- "나는 어두운 벽장에 갇히는 것을 싫어합니다. 그렇기 때문에 나는 이 사건을 노동조합 대표/상사/경찰/건강안전위원회/우리 어머니에게 보고해야겠습니다."

만일 당신이 협박을 받는다면 다음과 같은 말을 되풀이하라. "나를 이런 식으로 대하는 것이 싫습니다. 나를 이런 식으로 대하는 것이 싫습니다. 나를 이런 식으로 대하는 것이 싫습니다." 결코 평정을 잃지 마라. 그렇게 되면 그들은 자신들이 이겼다고 느낄 것이다.

8.9 어떤 상황에서도
객관적인 입장을 취하라

만일 당신이 직장에서 공격이나 학대, 고문을 받는다고 느끼고 있다면 다음과 같은 여러 가지 선택 사항이 있다.

- 걷는다.
- 그런 사실을 보고한다.
- 화를 낸다.
- 아무 말도 하지 않는다.
- 단호하게 처리한다.

어려운 상황들을 어떻게 처리할 것인지의 선택은 전적으로 당신에게 달려 있다. 그러나 반응을 보이기 전에 장기 계획을 생각해 보자. 부당한 해고인지 건설적인 해고인지를 가리기 위한 클레임이 당신의 직장 경력에 관한 이력서상에서 어떻게 보일 것인가? 그렇다고 단지 일을 계속하기 위해 어떤 학대도 참아야 한다고 말하는 것은 아니다. 전혀 그런 뜻이 아니다. 당신이 특정 상황에 대해 객관적이어야 한다는 것을 말하고 싶을 뿐이다.

예전에 나는 어떤 상사에게 놀림을 당한 적이 있었다. 아주 심하게 놀림을 당했었다. 그는 나를 원하면 언제든 이리저리 차며 놀 수 있는 놀이용 공으로 생각했다. 참 이상한 것은, 반주를 곁들인 점심을 먹고 나면 종종 그런다는 것이었다. 나는 가장 낮은 직급이었으므로 선택의 여지가 거의 없었다. 직장을 그만두거나 아니면 그의 상사에게 가서 그 사실을 보고하는 것뿐이었다. 그러나 그의 상사는 그와는 가장 절친한 친구 사이였다. 만일 그에게 이 사실을 보고한다면 나는 귀가 빨개질 정도로 빠르게 즉석에서 해고당했을 것이다. 하지만 나는 그 일자리가 필요했고, 그만두고 싶지도 않았다. 나는 꾀를 써야 했다. 그래서 나는 기본적으로 그가 나에게 못되게 대하도록 만들었다. 놀리고, 욕하도록 만들었다. 그것도 우리 주요 고객 중 한 명이 듣고 있는 상황에서 말이다.

내 상사는 그런 사실을 모르고 있었고, 그 고객은 격분했다. 그는 내 상사를 따로 불러냈다. 그리고는 아랫사람을 그런 식으로 대하다니, 부끄러운 줄 알라고 말하면서 그의 껍질을 사정없이 벗겨 버렸다. 그리고는 나에게 만일 또다시 이런 일이 일어난다면 거래처를 다른 곳으로 옮겨 버리겠다고 말했다. 그와의 거래는 우리 총 판매액의 약 70%를 차지하고 있었다.

내 상사는 그 고객이 보는 앞에서 나에게 사과해야 했다. 나는 다시는 조롱을 받지 않게 되었다. 나는 내가 객관적이라고 생각했다. 나는 때를 기다렸다. 누군가 다른 사람이 있을 때 다시 한번 그가 나를 괴롭히도록 만들었고, 그는 결국 해고되었다. 나는 그에게 미소를 가득 머금은 얼굴로 윙크를 하며 잘 가라고 손을 흔들어 주었다.

> "그러나 반응을 보이기 전에
> 장기 계획을 생각해 보자."

8.10 전체적인 시각에서 사물을 인식하라

모든 것을 말하고 행동할 때, 그것은 오로지 일일 뿐이다. 당신의 건강, 성생활, 가족, 자녀, 인생이나 영혼이 아니다. 하지만 만일 그것이 이런 것들 중 하나라면 당신은 정말 잘못된 인생을 살아온 것이다.

당신의 일은 단지 일일 뿐이다. 그렇다. 당신에게 돈과 기타 등등이 필요하다는 것은 안다. 하지만 그것은 단지 일일 뿐이고, 다른 것들도 있다.

직장에서 좋지 않은 일이 있었다고 해서 다음과 같이 되어선 안 된다.

- 잠을 설친다.
- 입맛을 잃는다.
- 성욕을 잃는다.
- 담배를 더 많이 피운다.
- 술을 더 많이 마신다.
- 더 신경질적이 된다.
- 침울해진다.
- 스트레스를 받는다.

그러나 실제로 이런 일들이 얼마나 많이 일어나고 있는지 알면 당신은 놀랄 것이다. 직장에서 좋지 않은 일이 있었기 때문이다. 좋다. 그들에게 하루 종일 재수 없는 일만 연속하여 일어났을지도 모른다. 그러나 하나씩 받아들여야 한다. 그것은 단지 재수 없는 날일 뿐이다. 당신은 관심을 다른 곳으로 돌려 긴장을 풀고, 심각하게 받아들이지 말고, 좀더 즐겁게 생각하고, 상황을 큰 시각으로 보아야 한다.

취미를 가지고 인생을 즐겨라. 당신은 살기 위해서 일하는 것이다. 일하기 위해 살아야 하는 게 아니다. 일거리를 집으로 가져가지 마라. 단호하게 "안 됩니다."라고 말하는 법을 익혀라. 가족을 첫번째로 두어라. 아이들과 시간을 보내라. 아이들은 너무나 빠르게 성장하기 때문에 계속해서 일만 한다면 당신은 아이들의 소중한 어린 시절을 놓치게 될 것이다. 내 아이들이 자라는 모습을 지켜보았더니 너무나 빨리 자라서 무서울 정도였다. 당시에는 성장 속도가 너무 느리고 스트레스처럼 느껴질지 모르지만, 핑 하고 지나쳐 다시는 돌아올 수 없는 곳으로 가 버린다. 어느 날 저녁에는 서류 정리를 하고, 주말에는 끔찍하게 지겨운 회의에 참석하느라 당신은 그 소중한 것을 놓치고 말지도 모른다.

그것은 단지 일일 뿐이다.

> "당신은 관심을 다른 곳으로 돌려 긴장을 풀고
> 심각하게 받아들이지 말고
> 좀더 즐겁게 생각하고
> 상황을 큰 시각으로 보아야 한다."

시스템을 파악하라.
그리고 그것을
최대한 이용하라

당신이 계속 위로 올라가려 한다면 그 요령을 아는 것이 좋다. '법칙 9'를 통해 당신은 시스템을 파악하는 방법을 알게 될 것이며, 자신의 모든 진가를 발휘하기 위해 어떤 방법으로 그것을 최대한 이용해야 할지도 알게 될 것이다. 이 법칙을 알면 당신은 경영진을 관리할 수 있다. 당신이 그들보다 시스템을 더 잘 파악하게 될 것이기 때문이다.

9.1 사무실 생활의
모든 불문율을 파악하라

어느 곳에나 어마어마하게 많은 불문율이 존재한다. 이것은 누가 어떤 엘리베이터/매점/화장실/복도/실외 흡연 장소를 사용해도 되는지 등과 같이 간단할 수도 있고, 현금 보관함/복사기/문구류 보관 벽장/휴가 명부에 대한 열쇠를 누가 쥐고 있는지 등과 같이 복잡할 수도 있다. 나는 종종 아무도 맡긴 적 없는 일을 자기 임무로서 수행하고 있는 이상한 사람들을 본다. 한때 내가 일했던 사무실에는 스위스어 번역가가 있었는데, 그녀가 휴가 명부를 책임지고 있었다. 도대체 이유가 무엇이었을까?

휴가를 받으려면 그녀의 허락과 승인을 받아야 했다. 하지만 도대체 왜 그녀에게 허락을 받아야 한단 말인가? 이유를 물으면 사람들은 그 번역가가 늘 담당해 왔던 일이기 때문이라고 말해 주었다. 이상하고, 멍청하고, 정말 말도 안 되는 일이었다. 그것은 우리 감독자가 해야 할 일이었지만, 그는 번역가가 자신의 어깨로부터 이 '짐'을 덜어 준 것을 기분 좋게 생각하고 있는 것 같았다. 기묘한 일이었다.

당신이 지금 직장에 어느 정도 다녔다면 지금쯤은 이런 불문율을 모두 파악했을 것이다. 그러나 신입이라면 이런 것들을 찾아내야 할 것이다. 좋다. 당신은 이런 불문율을 알고 있다. 그렇다면 이것이 당신에게 무슨 소용이란 말인가? 간단하다. 그것은 예전의 노동조합들과 좀 비슷하다. 그들은 경영진이 결코 알 수 없고 이해할 수 없는 애매모호한 규범집에 따라 행동했다. 이런 불문율을 알고 있음으로써 당신은 그 누구라도 허를 찌를 수 있게 될 것이다.

내가 예전에 일했던 사무실에서는 직급이 가장 낮은 직원이 직급이 가장 높은 상사에게 아침마다 커피를 갖다 주어야 했다. 그리고 상사가 커피를 마시는 동안 하급 직원은 기다려야 한다는 것이 불문율이었다. 하급 직원이 꼭 해야 할 일은 아니었지만, 그냥 그렇게 하도록 되어 있었다. 내가 바로 그 하급 직원이었다. 매일 약 5분 동안 나는 가장 높은 상사의 집중적인 주목을 받아야 했다. 나는 가장 높은 사람에게 말할 수 있는 기회를 가지고 있었다. 하느님께의 접근이 가능했던 것이다. 이미 여러분이 짐작하는 대로 나는 그 기회를 이용했다.

나는 우리 부서장이 다른 부서로 배치되도록 만들었다. 그는 인기 없는 사람이었다. 나는 최고위 상사에게 단지 우리 부서장에게는 알려지지 않은 특별한 기법이 있는데 새로운 부서에서라면 그 기법이 매우 유용할 것이라고만 말했을 뿐이다. 부서장은 그렇게 부서 이동하였다.

> "당신이 지금 직장에 어느 정도 다녔다면
> 지금쯤은 이런 불문율을 모두 파악했을 것이다.
> 그러나 신입이라면 이런 것들을 찾아내야 할 것이다."

9.2 각자에게 적절한 호칭을 파악하라

그렇다. 당신은 사람들을 각각 어떻게 불러야 좋을지 알아야 한다. 그렇다고 사람들을 그렇게 부르라는 것은 아니다. 미스터 커틀러는 이미 오래 전에 나를 잊었을 것이다. 오래 전에 나는 그의 보조로 일했었다. 그는 회사를 옮기더니 나에게 전화를 걸어 월급도 더 많다면서 새로운 회사에서 자기와 함께 일하지 않겠느냐고 물었다. 나는 좋다고 했다.

그와 새로운 회사에서 일하게 된 첫날, 그는 나에게 "나를 미스터 커틀러라고 부르게."라고 말했다. 피터라고 부르면 절대 안 된다는 것이었다. 예전 회사에서는 피터라고 불렀기 때문에 나는 계속 그렇게 부를 참이었다. 그러나 아직은 때가 아니었다. 여러 명의 보조가 있었는데, 그들은 새로운 상사인 미스터 커틀러에 대해 알 필요가 있었다. 그들은 그를 '미스터 커틀러' 라고 불렀다. 본인이 원하기 때문이었다. 나는 모두가 한자리에 모이게 될 적절한 때를 기다렸다. 그리고는 그를 '피터' 라고 불렀다.

그는 동료들 앞에서 갑자기 나에게 그만두라고 할 수 없었고, 동료들은 내가 상사에 대해 자신들은 모르는 무언가 비밀스런 접근법을 가지고 있다고 생각했다. 맞는 생각이었다. '미스터 커틀러' 라는 말도 안 되는 호칭은 다시는 나에게서 나오지 않았고, 나는 고위급 보조가 될 수 있었다. 내가 그를 피터라고 불렀기 때문이었다. 이름에는 무엇이 담겨 있을까? 아주 많은 것들이 담겨 있다.

회계부의 로버트슨 부인은 절대 '매리' 라고 불러서는 안 된다. 그 이름을 알고 있고, 그녀보다 상사일지라도 말이다. 왜 안 되는 것일까? 일단 그녀가 그렇게 부르는 것을 싫어하고, 게다가 모든 사람들의 월급 봉투를 책임지고 있는 사람이 바로 그녀였기 때문이었다. 조심성 없이 그녀를 매리라고 불렀던 사람들은 모두 봉급이 어떻게 되었는지 알 수 없게 되거나, 매우 늦게 나오거나, 예상액보다 훨씬 적어졌다고 한다.

예전에 나와 함께 일했던 어떤 경영부 부장은 엉뚱한 이유로 '양동이'라고 불렸다. 이것은 긴 이야기이고, 당신은 정말 알고 싶지 않은 얘기일 것이다. 그러나 사실이다. 모든 고위급 직원들은 면전에서 그를 '양동이'라고 불렀다. 그 고위급 직원들 중에는 재정부 부장인 나도 포함되어 있었다. 그는 중역들 사이에서 '양동이'로 통했다. 또한 대부분의 비서직 직원들에게도 역시 '양동이'였다. 그러나 그는 다름 아닌 미스터 테일러였을 뿐 결코 '양동이'는 아니었다. 나는 나이 어린 하급 직원이 실수로 그를 '양동이'라고 불렀다가 그에게 심하게 당하는 장면을 목격한 일이 있었다. 누구는 '양동이'라고 불러도 되고 누구는 안 되는 갈래가 생긴 이유가 무엇일까? 원인은 알 수 없지만 그와 나는 이상한 관계에 있었다. 매우 작은 차이였지만 법적으로 그는 나보다 위였다. 그러나 당시 권력 추구형 인물이었던 나는 모든 것을 컨트롤하고 싶었다. 나는 결코 그를 '양동이'라고 부른 적이 없었다. 나는 그를 좋아하지 않았다. 나에게 그는 항상 '미스터 테일러'였다. 왜? 그렇게 함으로써 그와 가까워지는 것을 막을 수 있고, 나머지 고위급 매니저들로부터 내가 차별화되기 때문이었다. 그런 사람은 나뿐이었다. 따라서 그는 결코 나에게 접근하여 '친구'가 될 수 없었다. 나는 승진 경기를 하고 있었고, 마침내 그 회사의 제너럴 매니저 직위를 제안받았다. 그렇게 되면 그는 내 부하 직원이 되는 것이었다. 성공했느냐고? 그렇다. 하지만 그것은 공허한 승리처럼 느껴졌다. 당시 나는 지금처럼 효과적으로 법칙들을 실행하지 못하고 있었다. 그래서 나는 새로운 도전과 지평을 위해 그곳을 떠났다.

9.3 늦게까지 남아야 할 때와
일찍 떠나야 할 때를 파악하라

성공을 원한다면 늦게까지 사무실에 남아 있어야 한다는 불문율이 있다. 이유는 단지 남들이 늦게까지 남아 있기 때문이다. 기계적으로 따라만 하는 사람이나 고지식한 사람, 또는 일개미들이 늦게까지 남아 있는 것이다. 법칙의 선수들은 원하는 시각에 집으로 간다. 결국 항상 남들보다 일찍 가게 된다.

아침에 사무실에 출근하는 것도 마찬가지이다. 누가 당신에게 일찍 와야 한다고 했는가? 아무도 그런 적 없다. 그러나 이것은 우리가 알아야할 불문율 중 하나이다. 그래야 우리의 목표에 이것을 맞출 수 있기 때문이다.

이렇게 하는 목적은 다른 사람들만큼 열심히 일하고 있다고 인정받기 위해서이다. 이것은 잘 순응하는 사람, 고지식한 사람으로 생각되고 싶은 것과 같은 맥락이다. 따라서 당신은 사실 그럴 필요가 없다. 당신은 그보다 훨씬 더 낫기 때문이다. 당신은 제시간에 일을 끝마치기 때문에 늦게까지 남아 있을 필요가 없다.

강한 동기를 가진 사람들을 보면 그들은 질문을 할 때 항상 손을 든다. 그러면 나머지 청중들도 따라 하게 된다. 이것은 선례가 되고, 사람들은 자동적으로 손을 들게 된다. 그 방에 있는 사람 중 한 명이 그렇게 했기 때문이다. 한심한 일이지 않은가? 그러나 모든 사람이 합리적인 시각에 떠나도록 하려면 딱 한 사람만 먼저 나서면 된다. 남들이 늦게까지 남아 있기 때문에 계속 남아 있는 것을 'presenteeism'이라고 부른다. 이것은 현대 사무실 생활의 재앙 가운데 하나이다. 우리는 모두 우리가 남들을 지켜보고 있는 것과 같이 남들 역시 우리를 지켜보고 있다고 생각한다. 누가 가장 먼저 분위기를 깨고 사무실을 떠나 상사의 분노를 부를 것인지 보기 위해서 말이다.

그러나 그것은 잘못된 인식이다. 사무실을 떠나는 첫번째 사람은 아무것도 잃는 것이 없을 것이다. 그들은 나머지 사람들을 해방시킬 뿐이다. 지금 떠나 선례가 되어 줌으로써 우리 나머지들도 제발 해방시켜 주기를….

사실 무언가 잃게 되지 않을까 하는 걱정이 생길 수도 있다. 하지만 우리가 흥미진진하고 신나는 삶을 살아가고 있다면 우리가 바로 우주의 중심이며, 뒤에 머물러 있는 나머지 사람들이야말로 무언가 잃어버리고, 놓치고, 실천하지 못한 사람들이라는 사실을 알 수 있을 것이다.

사람들은 일찍 퇴근하면 쓸데없이 남들의 주목을 받게 되고, 게으름뱅이로 보이게 될 거라고 생각한다. 사실 일찍 퇴근하는 것이 아니라 정당한 시간, 즉 퇴근하기로 계약된 시간에 퇴근하는 것인데도 말이다. 하지만 우리가 당당하고 솔직하게 퇴근한다면 이런 일은 일어나지 않는다. 살금살금 나가거나, 뒷문으로 빠져 나가거나, 다리 사이로 꼬리를 감춘 채 어둠 속으로 몰래 사라지는 경우에만 남들에게 나쁘게 보일 것이다. 이제 당당하게 손을 흔들며 "마지막으로 퇴근하는 사람이 전등을 꺼 주세요."라고 말하라. 그들이 당신만큼 능력이 있다면 제시간에 일을 끝냈을 것으로 생각하는 게 맞는지에 대해서는 논란의 여지가 있다. 당신은 그 점에 관해 곰곰이 생각해 볼 필요가 있다.

9.4 도둑질과
임직원의 특전을 구별하라

당신이 회사에서 집으로 가져가도 좋은 것이 무엇일까? 펜? 클립? 스테이플러? 어디까지가 임직원의 특전이고, 어디까지가 도둑질인가? 당신은 이것을 알고 있어야 한다. 누군가를 협박하고 싶을 때 유용하게 써먹을 수 있기 때문이다. 그 '누군가' 란 회사의 모든 것을 집으로 가져가는 것을 아무렇지 않게 생각하는 사람이다. 그들이 무엇을 가져가는지 잘 봐 두어라. 유용하게 써먹을 기회가 있을 것이다. 물론 당신은 아무것도 가져가서는 안 된다.

어떤 부서의 전 직원이 쫓겨난 일이 있었다. 새로운 상무이사로서는 그들 모두 중대한 절도죄를 범하고 있다는 생각이 들었기 때문이었다. 그들은 회사 컴퓨터에서 사용하는 모든 소프트웨어를 복사해서 집으로 가져갔다. 모두들 집에 최신 버전의 윈도우즈, 워드, 아웃룩 익스프레스를 가지고 있었지만, 등록을 위해 시리얼 넘버가 필요할 경우 이것이 크게 도움이 되었던 것이다.

이것은 도둑질일까? 그것은 중요하지 않다. 그것 때문에 그들 모두가 해고되었다. 그들 중 한 명이라도 그렇게 하지 않은 것으로 알려졌다면 그들은 해고되지 않을 수도 있었을 것이다. 그들이 임직원의 특전으로 여기는 것에 대해 새로운 상무이사는 새 관점으로 본다는 사실을 그들 중 한 사람이라도 알았더라면 그들은 살아남을 수 있었을 것이다.

주머니에 챙겨 넣기 전에 그것이 그만한 가치가 있는지 반드시 확인해 보라. 그 펜들이 그토록 매력적인가? 새로운 직업을 찾는 데 걸리는 시간 동안 그 싸구려 물건들을 팔아 식구들을 먹여 살릴 수 있는가?

앞에서 우리는 사무실의 불문율에 관해 알아보았다. 그런 물건들을 집으로 가져가는 것이 불문율의 하나일 수도 있다. 만일 당신이 그런 행동을 하지 않기로 마음먹는다 하더라도 당신이 '선생님의 애완견'이나 '정의의 사자', 또는 동료들에게 배척당할 그 어떤 것으로도 낙인 찍혀서는 안 된다. 당신은 아무것도 훔치지 않는다 해도 그 무리의 일부는 되어야 한다. 당신이 그런 사람이 아니라는 점을 상사에게 알리되, 직원들은 당신을 자기들과 같은 부류의 사람이라고 생각하도록 만들어야 한다.

회사 전화를 무료로 사용하거나 인터넷에 접속할 때 주의하라. 이것은 물건을 집으로 가져가는 경우와는 다르지만, 허락 없이 무료로 회사 전화를 사용하는 것 역시 도둑질에 해당된다. 회사에서 모니터하고 있을 가능성이 높다. 그러니 그러지 마라.

회사 비용 사취도 사무실 문화의 일부일 수 있다. 당신이 그런 행동을 하지 않으면 그런 행동을 하고 있는 다른 동료들에게 경계심을 불러일으킬 수 있다. 그렇다면 당신은 어떻게 해야 하는가? 솔직하고 공명정대해야 하겠지만, 그렇다고 동료들을 밀고해서는 안 된다. 다른 사람들에게 물어보자고? 그게 앞의 2가지 악덕보다 더 못한 짓으로 보일 것이다. 하지만 당신은 이제 법칙의 선수이기 때문에 그런 행동을 묵과할 수 없다. 동료들에게 그들이 하고 싶은 대로 해도 좋지만, 당신은 그런 불법 행위에 동참하지 않겠다고 미리 말해 두는 것이 좋다. 미리 경고했음에도 불구하고 그들이 계속 그런 행동을 한다 해도 그건 당신이 그렇게 타락하도록 만든 것은 아니다.

9.5 '중요한 인물'을 알아내라

큰 실수를 저지른 적이 있었다. 그 동안 내가 저지른 실수는 많겠지만, 이 실수는 이 내용과 관련이 있으며 또한 내 머리에서 떠나지 않는 것이기도 하다. 내가 일하는 회사에는 유지 보수를 담당하는 사람이 있었다. 매일 퇴근 무렵이면 우리는 유지 보수 기록부에 전등 교체라든지, 막힌 변기를 뚫는 일 등 보수가 필요한 내용을 모두 기록했다. 그러면 해리가 그 일을 처리해 주기로 되어 있었다. 부서진 의자를 수리하는 것과 같은 일이었다. 우리 회사 사무실은 두 곳이었는데, 해리는 늘 우리 사무실보다는 아래층에 있는 다른 사무실에서 더 많은 시간을 보낸다는 생각이 들었다.

유지 보수 기록부에 적는 내 기록 내용이 점점 더 쌀쌀맞고 날카로워지고 있었지만, 조금도 좋아지는 것 같지 않았다. 해리를 찾아낼 수만 있었다면 개인적으로 야단을 쳤을 것이다. 하지만 그는 우리가 모두 집으로 돌아간 다음 저녁에 들어와 보수 일을 처리했다. 아래층 사무실에서는 모든 수리가 다 이루어지고 있었지만, 우리 사무실은 아무것도 되지 않고 있었다. 참을 수 없는 일이었다. 어느 날 저녁, 나는 해리를 기다리기로 마음먹었다.

해리는 모습을 나타내지 않았다. 그래서 나는 다른 사무실로 건너가 보았다. 그곳에서 해리는 가장 높은 상사인 지역 총책임자와 커피를 마시고 있었다. 속이 부글부글 끓어올랐다. "당신, 도대체 여기서 뭘 하고 있는 겁니까? 우리 사무실에도 당신이 보수해 주어야 할 것이 있단 말입니다. 그런데 여기 앉아서 커피를 마시고 있어요?" 그것은 대단히 큰 실수였다. 그것도 다음과 같은 여러 가지 면에서 말이다.

- 그들이 공식적인 휴식 시간에 커피를 마시고 있을 때 고함을 쳐서는 안 된다.
- 지역 총책임자가 커피를 마시자고 초대한 사람에게 고함쳐서는 안 된다.
- 그들과 관련된 두드러진 모든 사실을 먼저 점검해 보지 않고서 지역 총책임자 앞에서 누군가에게 고함을 쳐서는 안 된다.
- 일을 제대로 처리해야 한다. 즉, 적절한 채널을 통해 일을 처리해야지, 잘못을 한 직원을 잠복해서 기다려서는 안 된다.
- 항상 중요한 인물을 알아보아야 한다. 이 경우에는 '해리'를 말하는 것이다.

해리가 왜 중요한 인물이었을까? 그는 지역 총책임자의 장인이었다. 그는 내가 감히 꿈도 꿀 수 없는 파워와 영향력을 가지고 있었다. 그는 사위의 지시에 의해 다른 사무실에서 일하고 있었던 것이다. 앞에서 말했던 대로 그것은 정말이지 큰 실수였다.

나는 현금 출납원, 상무이사의 운전사, 회계사, 식당 주방장이 그 '중요한 인물'인 여러 회사에서 일해 왔다. 그런 사람들을 알아내는 데는 늘 시간이 좀 걸렸다. 그들은 모두 으뜸패를 가지고 있었다. 즉, 고위급 간부에게 접근할 수 있는 통로를 가지고 있거나, 친척 관계와 같은 연줄을 가지고 있었다. 그들을 찾아내고 연구하라.

'중요한 인물'의
마음에 들어라

그 큰 실수 이후 나와 해리 사이가 좋아졌다는 사실에 대해 어떻게 생각하는가? 이전에는 우리 사이가 나빴지만, 이제는 긍정적인 영향을 미치게 되었다. 그래서 그가 우리 사무실 전등을 교체해 주었을 것으로 생각하는가? 그렇지 않았다. 전혀 그렇지 않았다. 중요한 인물을 찾아낸 다음에는 그 인물과 사이좋게 잘 지내야 한다.

예전에 완벽주의자인 회계 감사와 함께 일한 적이 있었다. 그는 무엇이든 규칙대로 해야 했다. 철자 하나라도 틀리면 안 되는 사람이었다. 5세기 전반에 동양에서 유럽을 침입한 훈족의 왕 아틸라를 자선 활동가로 보이게 만들 만한 인물이었다. 그러나 그는 중요한 인물이었다. 회계 감사였을 뿐만 아니라 회계사로서의 역할보다 훨씬 더 많은 영향력을 지니고 있는 것처럼 보였다. 고위급 경영자들도 그에게 고개 숙여 인사하고, 경청하고, 자문을 구하고, 감히 거스르지 못하고, 두려워했다. 그들은 대개 그를 왕족 대하듯 했다.

그가 어째서 그런 영향력을 가지고 있는 건지 도무지 알 수 없었지만, 나는 거기에 순응해서 살아야 했다. 그리고 일단 그가 중요한 인물이라는 사실을 알게 되었으니 그와 사이좋게 지내야 했다. 그러나 그때까지는 그렇지 못했었다. 내가 책임자로 있던 재정부는 끊임없이 그에게 면밀한 조사를 받고 있었다.

조사를 받는 동안 나는 매 단계마다 그를 화나게 만들었다. 우리의 견해는 완전히 불일치했다. 그는 회계사였고 나는 재정부 매니저였으므로 우리 사이에는 상당한 차이가 있었다. 내가 하는 일은 간단히 말해서 보안 시스템을 장치하고, 현금 흐름을 개선하고, 비용을 절감하고, 모든 회계 절차를 타이트하게 하는 것이었다. 그러나 그가 하는 일은 모든 돈을 감사하는 것이었다.

어느 토요일 아침, 나는 아이들을 데리고 바자회에 갔다. 가을이었는데, 다소 추위를 느낀 나는 그곳에서 대학 스카프를 하나 샀다. 짙은 색깔에 줄무늬가 있는 전통적인 스카프였다. 월요일 아침에 나는 그것을 매고 회사에 갔다. 복도를 지나가다 그 회계 감사와 마주치게 되었는데, 그는 "아, 당신이 맨체스터 대학 출신인지 몰랐습니다. 잘됐군요."라고 말하고는 지나가 버렸다.

나는 그가 도대체 무슨 말을 하는지 알 수 없었다. 그러다가 갑자기 그것이 맨체스터 대학 스카프라는 사실이 머리에 떠올랐다. 그 회계 감사가 다녔던 대학이었다. 하지만 나는 그 대학에 다닌 적이 없었을 뿐만 아니라 대학이라고는 아예 가 본 적이 없었다. 그때부터 그는 나를 자기 사람, 동료, 대학 동문으로 받아들였다.

이것은 우연히 일어난 일이었다. 그러나 그 이후부터 나는 그런 우발적인 사건을 고의로 조작해 냈다. 중요한 인물들, 즉 가져서는 안 될 영향력을 잘못 가지고 있던 사람들과 잘 지내기 위해서였다. 이런 사람들은 자신의 직위나 업무에 어울리지 않는 영향력을 가지고 있었다.

조심해야 할 부류의 사람들이 있다. 그들은 이해할 수 없는 파워를 지닌 경우가 많다. 그런 사람들 가운데는 운전사, 회계 감사, 홍보 담당자, 인사 관리 담당자, 개인 비서, 그 회사에 오래 몸담고 있는 사람, 외부 컨설턴트, 프리랜서, 출납원, 그 회사 직원 출신 등이 포함된다. 그리고 물론 유지 보수 담당자도 포함된다.

새로운 경영 기법에 정통하라

당신에게는 가만히 서 있거나, 이미 얻은 명예에 만족하거나, 느긋하게 자리에 앉아 있거나, 일을 천천히 해 나갈 여유가 없다. 당신이 그렇게 하는 동안 누군가가 늘 당신을 슬그머니 앞지르고 있을 것이다.

당신은 시대의 흐름과 함께 움직여야 한다. 이것은 최신 경영 기법, 최신 전문 용어 및 간부들이 그달에 중요하게 생각하는 것이라면 무엇이든 따라잡아야 한다는 것을 의미한다. 최정상에 머물기 위해서는 어떤 전문어가 사용되고 있는지 알아야 한다. 남들은 모두 '인적자원부' 라고 말하는데 혼자서 '인사부' 라고 말한다면 참으로 한심해 보일 것이다. 경영진에서는 지금 고객 중심의 핵심 사업에 집중하고 있는데 당신은 여전히 물류만 고집한다면 멍청이로 보일 것이다.

당신에게 이런 최신 기법을 사용해야 한다고 말하는 것이 아니다. 무리의 다른 사람들보다 계속 앞서 가기 위해서는 이런 것들을 알고 있는 것이 좋다는 뜻이다. 이런 것에 관해 질문을 받을 수도 있으니 말이다. 당신은 회의 때마다 전문 용어 빙고 게임을 할 수 있다. 재미있게 들리는 새로운 전문 용어를 들을 때마다 자신에게 1점씩 주고, 10점이 되면 펄쩍 뛰어오르며 "빙고!" 라고 소리치는 것이다. 그러면 당신은 계속 깨어 있을 수 있다.

놀라울 정도로 쓸모없는 표현도 많이 듣게 될 것이다. 예를 들어 '블루 스카이' 가 의미하는 것이 정확히 무엇일까? "우리는 이 제품을 블루 스카이 해야 할 것입니다." 라고 말한다면 여기에서의 '블루 스카이' 는 '무엇이든 발전적이고 창의적이며 한계가 없는 것'을 의미할 수 있다. 그러나 그것은 또한 '우리는 남들에게 멋지게 보이고, 전문 용어를 사용할 줄 아는 대단한 사람들이다. 하지만 실제로는 다소 한심하게 보인다'는 사실을 의미할 수도 있다.

전문 용어를 사용할 때는 한심하게 보이지 않도록 해야 한다. 물론 그 말들이 무엇을 의미하는지도 알아야 한다.

당신은 최신 경영 원칙이 무엇인지, 그리고 그것이 당신에게 어떤 영향을 미치게 될지도 알아야 한다. 경영 기법에 관해 말할 때, 시대에 뒤떨어진 사람으로 보이지 않도록 조심하라. 예를 들어, 우리 시대에는 '물류'라고 말하던 것을 지금은 'SCM(Supply Chain Management)'이라고 말한다. 당신이 이 책을 읽을 무렵에는 그것이 또 다른 말로 바뀌었을지도 모르겠다.

당신은 이런 모든 전문 용어의 장점과 단점에 대해 알아야 한다. 그런 말들이 갑자기 거론되어 나올 때 멋지게 보이고 싶을 테니까 말이다. 경영자들의 연설을 위한 허장성세 지침서 같은 것이 있어야겠지만, 그럴 것 같지는 않다. 당신은 이것을 자신의 작전 계획에 포함시키고, 전체 상황을 보아야 할 것이다. 마침내 새로운 활동의 장이 생겨날 것이고, 당신이 그 동안 최선을 다해 실천해 온 핵심 프로그램이 일종의 도미노 효과로 나타날 것이기 때문이다. 만일 '그런 지식을 스스로 찾아내고 큰 시야로 보기'를 실천하지 못한다면 당신은 경기에서 선 밖으로 밀려나게 될 것이다. 그런 도미노 효과는 당신이 야구 경기에서 구원 투수로 활약하는 동안 자신의 골포스트를 이동하거나 더 달릴 필요도 없이 거물급들과 어울리도록 해줄지도 모른다. 그러니 외피를 활짝 열어젖혀라. 그 최종 결과로서 당신은 완전한 자질을 갖추게 될 것이다.

9.8 겉으로 드러나지 않는 흐름과 숨겨진 의미를 파악하라

상사가 고객 관계를 개선하고 싶다면서 직원들 모두 미소 짓는 법을 배우기 위해 교육받아야 한다고 말할지라도 속아 넘어가지 마라. 그것은 고객에게 미소 짓는 것과는 전혀 관계가 없는 일이다. 당신 상사는 평가 시기가 다가옴에 따라 잘 보일 필요가 있는 것이고, 따라서 마치 자신이 추진력과 독창성과 목적의식을 가지고 있는 것처럼 보일 필요가 있는 것이다.

당신을 비롯한 모든 직원들은 단체로 교육을 받아 그 과정을 잘 이수하고, 미소 짓는 연습을 하게 될 것이다. 도대체 무엇을 위해서 그렇게 한단 말인가? 당신 상사는 직원들이 고객에게 미소를 짓든 말든 전혀 관심이 없을 것이다. 그가 원하는 것은 그저 평가에서 잘 보이는 것뿐이다.

이런 일은 회사에서 생각보다 훨씬 더 많이 일어나고 있다. 나는 매주 월요일마다 임금 대장과 복식 부기 과정을 듣기 위해 대학에 나가 강의를 듣겠다고 자원한 적이 있었다. 상사는 내가 똑똑하고, 자아 동기 부여에 탁월하고, 매우 열성적이라고 생각했다. 하지만 그건 말도 안 되는 소리였다. 나는 단지 월요일마다 사무실에서 빨리 벗어나고 싶었을 뿐이었다. 월요일은 모든 파일을 정리해야 하는 날이었고, 나는 그 일이 끔찍하게 싫었기 때문이었다. 대학에 다니는 것은 사무실을 탈출할 수 있는 아주 그럴듯한 구실로 보였다.

모든 사람, 모든 일의 동기에 의구심을 품어라. 그렇다고 당신에게 피해망상증 환자가 되라는 건 아니다. 당신을 잡아먹으려고 하는 사람은 아무도 없다. 단지 숨겨진 의도를 경계해야 한다는 것뿐이다. 설사 당신에게 아무 영향도 미치지 않는다 하더라도 실제로 어떤 상황이 벌어지고 있는지 알아낼 수 있다면 흥미로울 것이다.

예전 직장의 상사는 항상 마지막까지 남아 있기를 좋아했다. 나는 그가 성실하고 근면한 사람이라고 생각했다. 그가 사기죄로 체포되고 나서야 그렇게 남아 있었던 것이 단지 회계 조작을 할 시간을 벌기 위한 것이었음을 깨달을 수 있었다. 그의 성실함을 존경할 이유가 전혀 없었던 것이다.

항상 다음과 같이 자문하라.

- 왜 이런 일이 일어나고 있는 걸까?
- 내가 알아차리지 못하고 있는 것은 없는가?
- 이것에서 이익을 보는 사람은 누구인가?
- 그렇다면 그는 어떤 식으로 이익을 보는 것일까?
- 그 밖에 또 무슨 일이 벌어질 수 있을까?
- 이것에서 내가 이익을 볼 수 있을까?
- 그렇다면 어떤 식으로 이익을 볼 수 있을 것인가?

이미 말했듯이 피해망상에 사로잡힌 사람이 되지는 마라. 단지 사실을 알아내라.

9.9 총애받는 사람들을 알아내어 그들과 친분을 맺어라

모든 상사에게는 편애(偏愛)하는 사람이 있기 마련이다. 그래서는 안 되겠지만, 그게 바로 인간의 본성임을 알고 있다. 우리 모두 인간이기 때문에 그런 일이 일어나는 것이다. 심지어 부모들에게도 편애하는 자녀가 있다. 비록 인정하지 않는다고 하더라도 말이다.

이 법칙은 두 부분으로 되어 있다.

- 편애가 발생하고 있다면, 당신이 바로 상사의 편애를 받는 사람이 되어야 한다.
- 다른 부서에서 상사의 편애를 받는 모든 사람들과 반드시 알고 지내야 한다.

상사가 편애하는 직원을 두려고 한다면, 당신은 거기에 반항하거나 혹은 그의 편애를 받는 사람이 되고자 할 수 있다. 만일 당신이 상사의 편애를 받는 사람이 된다면 그것에 대해 절대 동료들에게 과시하지 마라. 나서지 말고 그 사실을 부인하라. 겸손한 태도를 취하면서 그 사실을 인정하지 마라. 겸허한 태도로 그런 일은 없는 체하라.

편애를 받는 사람이 되고자 한다면 스킬, 인품, 카리스마, 재능, 전문지식, 경험, 호감 가는 태도, 매력, 개인적인 상냥함 때문에 그렇게 되도록 해야 한다. 결코 상사에 대한 아첨과 아부, 알랑거림, 비굴함, 악취, 값싼 감상 따위로 그렇게 되어서는 안 된다. 당신은 편애를 받는 사람이 되어야지 교묘하게 빌붙는 사람이 되어서는 안 된다. 그러면 동료들에게 미움을 사게 될 것이다. 당신이 정말 믿음직하고, 신뢰할 만하며, 능률적이고, 정직하기 때문에 편애를 받을 자격이 있다면 동료들도 그런대로 그 상황을 받아들일 것이다.

다른 부서에서 상사의 편애를 받고 있는 사람들을 알아내기란 쉽다. 그들도 당신과 같은 대우를 받고 있을 것이기 때문이다. 그들이 받는 대우는 다음과 같은 것들이다.

- 휴가 순서를 정할 때 우선권을 갖는다.
- 절친한 친구로서 신뢰를 받는다.
- 회의에 초청된다.
- 명예로운 일을 맡고, 부수입도 주어진다.
- 상사에게 야단을 맞는 대신 상사와 담소를 나눈다.

일단 그들을 알아내고 나면 그들과 친구가 되어라. 이렇게 함으로써 당신은 지금 어떤 일이 벌어지고 있는지를 알 수 있으며, 내부 사정을 잘 아는 사람들과 어울릴 수 있고, 다른 부서 상사들의 주목을 받을 수 있고, 엘리트 직원들 사이에 낄 수 있게 된다. 그러나 당신이 진심으로 편애를 용납하지 않는 사람이라면 이 중에서 어떤 것도 하지 마라.

경영 이념을 이해하라

　　예전에는 기업의 경영 이념이란 '최대한 많은 돈을 벌어들이고, 주주들은 되도록 멀리하라' 정도였을 것이다. 그러나 더 이상은 그렇지 않다. 오늘날의 경영 이념은 훨씬 복잡해졌다. 당신이 직장인으로서 성공하고 싶다면 경영 이념을 알고 이해해서 자신을 위해 이용해야 한다. 경영 이념을 인용하여 말한다면 당신은 상사에게 신용 점수를 딸 수 있을 것이다. 당신이 정말 회사 입장에 서서 말하는 것처럼 보인다면 말이다. 상사가 경영 이념에 별로 신경 쓰지 않거나, 쓰레기 취급하거나, 무가치하다고 생각한다면 당신도 경영 이념에 관해 언급하지 마라.

　　경영 이념을 이해하기란 대개의 경우 아주 쉽다. 예를 들면 월트 디즈니의 '사람들을 기쁘게 해주자' 라든가 월마트의 '보통 사람들에게도 부자들이 사는 것과 같은 것을 살 기회를 주자' 같은 것들이다. 그러나 경영 이념을 잘 이해하려면 세세한 부분까지 모두 읽어야 할 것이다. 예를 들어, 디즈니의 경영 이념은 간단하지만 그 안에는 훨씬 더 많은 내용이 들어 있다. 다음과 같은 내용을 포함하는 '가치 이념' 도 가지고 있기 때문이다.

- 냉소주의 배격
- 창의력, 꿈, 상상력
- '건강한 미국적 가치들' 에 대한 육성과 보급
- 일관성과 세부 사항에 대한 열광적인 집착

- '신비한 디즈니의 매력'에 대한 보존과 관리

당신이 디즈니에서 일한다고 가정하자. 여기에서 아무것도 찾아내 이용할 수 없다면 당신은 자신을 '법칙의 선수'로 부를 자격이 없다. 위의 내용 중 일부를 가지고 당신이 어떤 재미를 볼 수 있을지 상상해 보라. 회의에서 이런 내용을 인용하는 것만으로도 당신이 어떤 파워를 발휘할 수 있을지 상상해 보라. 누군가가 당신 마음에 들지 않는 아이디어를 제시하면 당신은 "그것은 건강한 미국적 가치가 아닙니다."라고 말할 수 있을 것이다. 아주 멋진 반격이다. 그것은 마치 "우리의 주(主) 무기는 ~이다. 우리의 많은 무기 중에는 ~와 같은 다양한 것들이 있다."라고 하는 중세 스페인 종교 재판의 일부 같다.

역사적 경영 이념 중에는 매우 웅장한 것들도 있었다. 그런 경영 이념들을 그 가치만큼 모두 활용할 수 있었다면 정말 좋았을 것이다.

- 포드(1900년대 초): 포드는 자동차를 대중화한다.
- 소니(1950년대 초): 세계적으로 싸구려라는 일본 제품의 이미지를 바꾸어 놓음으로써 가장 유명한 기업이 된다.
- 보잉(1950년): 상업 비행 부문에서 지배적인 기업이 되고, 세계를 제트 시대로 바꾸어 놓는다.
- 월마트(1990년): 2000년까지 1,250억 달러의 기업이 된다.

적수들을 주물러라

승진이 진행 중이고, 가능성 있는 후보가 5명이라면 당신은 그들이 누구인지 어떻게 알아내겠는가? 그 다음에는 당신이 확실하게 선택되도록 하기 위해 어떻게 할 것인가? '법칙 10'을 통해 당신은 경쟁자를 알아내는 방법을 찾을 수 있다. 또한 무자비하거나 공정하지 않은 태도를 취하지 않고도 당신이 가장 가능성 있는 후보가 되도록 만들 수 있는 방법을 알게 될 것이다. 사실 이 법칙을 정말 잘 실천한다면 그들이 당신을 추천하도록 만들 수도 있으며, 본인들보다 당신이 먼저 승진되기를 원하도록 만들 수도 있다.

10.1 경쟁자를 알아내라

승진의 기회가 왔다. 당신은 승진을 원한다. 바로 다음 단계로의 승진이다. 이번 승진은 당신의 장기 계획에도 딱 들어맞는다. 이것은 그 단계를 위한 이상적인 시기이자 기회이다. 문제는 이 승진 경기에 당신 혼자만 참가하고 있는 것은 아니라는 점이다. 당연히 고려의 대상으로 삼아 제거해야 할 다른 사람들이 있는 것이다. 모든 직위의 임명에는 다음과 같은 2가지 범주의 후보자가 있다.

- 내부 후보자
- 외부 후보자

내부 후보자는 현재 함께 일하고 있는 동료거나, 다른 부서의 직원이거나, 다른 지사의 직원이거나, 회사 내의 전혀 다른 부문에서 일하는 직원일 것이다. 함께 일하고 있는 동료의 경우라면 누가 이 승진에 관심이 있고 누가 관심이 없는지 당신은 잘 알고 있을 것이다. 다른 부서 직원의 경우라면 정보원을 통해 그들에 대해 알아내야 한다. 당신은 모든 부서의 편애받는 사람들을 친구로 두고 있어야 한다('법칙 9.9' 참고). 다른 지사 직원의 경우라면 다소 도전이 되기는 하지만, 이 경우 역시 정보원을 동원해 정보를 알아내야 한다('법칙 5.8' 참고). 같은 회사 내의 다른 부문에서 오는 후보자가 문제이다. 대개의 경우 면접 장소에 갑자기 나타나기 전까지는 그들이 누구인지 당신은 알지 못할 것이다. 1970년대 초, 아메

리칸 익스프레스에서 일하던 때의 일이다. 나는 부서 감독으로 승진하기 위해 줄을 서고 있었다. 동료들 가운데 잠재적 경쟁자들은 모두 제거했으며, 다른 부서와 지사에서 오는 경쟁자들에 관해서도 이미 모든 조사를 끝마친 상태였다. 사실 이제 경쟁 상대가 한 명도 없었기 때문에 나는 안심하고 있었다. 그때 갑자기 전혀 별개이면서 동급인 사내의 어떤 부문에서 새로운 후보자가 한 사람 나타났다. 나는 회계부에 있었고, 그는 경비(警備)팀에서 온 사람이었다. 독자들에게 묻고 싶다. 경비팀 직원이 도대체 회계 감독에 관해 무엇을 안단 말인가? 그러나 고위급 경영자들은 경비팀이 많은 것을 알고 있다고 생각했다. 나는 그들에 관한 정보를 알아낼 기회가 전혀 없었으므로, 불시에 습격을 당하고 만 것이었다. 그런 일은 내게 다시는 없었다.

다른 회사 출신 후보자들의 경우는 매우 복잡하다. 누가 지원할 것인지 알 수가 없다. 그러나 당신은 다음과 같은 일들은 할 수 있다.

- 구인 광고가 언론에 공개되기 전에 먼저 읽어 본다. 무엇을 요구하고 있는지 상당히 많은 것을 알아낼 수 있다.
- 외부 지원자 목록에 누가 올라 있는지 인맥을 통해 알아낸다.
- 역시 인맥을 통해 누가 면접에 나오도록 통보받았는지, 당신이 맞서야 할 경쟁자가 어떤 사람들인지 알아본다.

'아는 것이 힘'이라는 사실을 명심하라. 얻어낸 정보가 마음에 들지 않을지 모르지만, 당신은 적어도 그런 정보를 알 수는 있다.

10.2 그들을 면밀히 연구하라

승진할 기회가 왔고 경쟁자들이 있다면 당신은 회사가 후보자들에게 요구하는 것이 무엇인지 알아내고, 이해하고, 완벽하게 파악해야 한다. 당신은 이력서, 지원 서류, 면접 기법 등을 철저히 준비함으로써 이상적인 후보자의 이미지에 완벽하게 맞추어야 한다. 그리고 경쟁자들이 무엇을 하고 있는지도 연구하라. 가령 그 직위가 '컴퓨터 판매부 부장'이라고 하자. 당신은 자신이 다음과 같은 점들을 갖추고 있음을 알 것이다.

- 판매 경험
- 컴퓨터 경험
- 그러나 다른 직원을 관리해 본 경험은 거의 없음

이제 다른 경쟁자들을 살펴보자. 가령 2명의 다른 후보자가 있다고 가정해 보자.

- 토니는 제품에 관해 잘 알고 있고 관리 경험도 많지만, 판매에 관해서는 전혀 모른다.
- 산드라는 판매 경험이 많고 관리 경험도 풍부하지만, 제품에 관해서는 전혀 모른다.

이상적인 후보자는 과연 누구일까? 이것은 전적으로 경영진이 무엇을 찾고 있는가, 무엇을 찾고 있다고 생각하는가에 달려 있다. 그 직위에는 3가지가 필요하다. 판매 경험과 제품 지식, 그리고 관리 임무이다. 당신은 그중 2가지를 갖추고 있다. 다른 두 후보자 역시 마찬가지이다. 그러나 경영진에게는 어떤 것이 가장 중요할까? 당신은 이를 신중히 점검할 필요가 있다.

- 그 직위에서 해야 할 일이 무엇인지 잘 알아본다.
- 현재 그 일을 하고 있는 사람과 잘 지낸다.
- 경영자들이 생각하고 있는 것이 무엇인지 연구한다.

당신의 강점인 첫번째(판매 경험)나 두 번째(컴퓨터 경험) 능력에 경영진들의 초점이 맞추어져 있다면 당신은 이미 두 사람 중 하나를 제거한 셈이다. 이제 2마리 말의 경주가 진행되는 것이다. 그러나 세 번째 사항, 즉 당신의 약점인 관리 능력에 초점이 맞추어져 있다면 당신은 자신의 기술과 경험 쪽으로 그 초점을 돌려놓아야 할 것이다. 면접에서 당신의 관리 경험 부족이 점수를 깎아 먹지 않을 만한 그럴듯한 이유를 찾아내야 할 것이다. 제품에 관해 말할 때는 제품 지식이 얼마나 필수적인지를 강조하고, 판매의 중요성과 더불어 부서의 사활이 매출 기록에 따라 좌우된다는 점을 강조해야 하는 것이다.

이것은 단지 하나의 예일 뿐이다. 실제 세상은 이보다 훨씬 복잡하다.

10.3 중상모략하지 마라

정상을 향한 경주에서 하지 말아야 할 것이 하나 있다. 등 뒤에서 누군가를 중상모략하는 행동이다. 당신은 불법적인 수단을 사용해 경쟁자를 제거해서는 안 된다. 자신의 재능과 스킬을 강조하고, 자신의 전문 지식과 다른 경쟁자들의 실패 가능성을 밝힘으로써 경영자들이 찾고 있는 것에 교묘히 영향을 미치는 것은 괜찮다. 암시하고, 제안하고, 돌려서 말하는 것도 좋다. 그러나 경쟁자들을 왜 쓸모없는 사람들이라고 생각하는지를 공개적으로 솔직하게 말해서는 안 된다. 당신은 경쟁자들이 얼마나 한심한지를 지적하는 방법이 아닌, 당신의 강점에 초점을 맞추도록 하는 방법으로 승진 경쟁에서 적수들을 물리쳐야 한다.

당신이 하지 말아야 할 것들은 다음과 같다.

- 경쟁자에 대한 험담
- 경쟁자에 대한 중상모략
- 다른 사람을 나쁘게 말한다('법칙 4' 참고).
- 다른 경쟁자에 관해 거짓말한다('법칙 5.4' 참고).
- 경쟁자에 관해 알아낸 정보 중에서 그들의 승진 기회에 영향을 미칠 만한 비밀 정보를 누설한다.
- 정보를 몰래 훔친다.
- 엿보거나, 동정을 살피거나, 염탐한다.

이런 것들은 당신이 금해야 할 것들이다. 그렇다면 도대체 당신이 할 수 있는 일은 무엇인가? 다음과 같은 것들이다.

- 경쟁자의 우수성 정도를 알아내기 위해 인맥을 동원한다.
- 경영자들이 찾고 있는 기준에 맞추어 자신의 자질을 창의적으로 향상시킨다.
- 자신의 장점을 강조하고, 경쟁자들이 가지지 못한 당신만의 특별한 스킬과 전문 지식을 강조한다. 그러나 경쟁자들이 필요한 사항을 갖추고 있지 못하다는 점을 말해서는 안 된다. 대신 경영진들에게 당신이 필요한 것을 갖추고 있다는 사실은 반드시 알린다.
- 경영자들조차도 필요하다고 깨닫지 못하고 있던 중요한 것들 가운데 경쟁자들이 갖추고 있지 못한 점을 경영자들에게 알려 준다.

> "당신은 불법적인 수단을 사용해
> 경쟁자를 제거해서는 안 된다."

10.4 승진의 심리학을 이해하라

내부에 빈자리가 하나 생겼다고 가정해 보자. 당신은 그 자리가 매우 탐난다. 당신의 작전 계획에도 딱 들어맞는 자리이다. 게다가 돈도 더 벌 수 있을 것이다. 당신은 전문 지식과 경험과 자격을 갖추고 있다. 그러므로 그 직위에 지원해야겠다고 생각한다. 모두 좋다. 하지만 지금 어떤 결정이 내려지고 있는가? 그리고 어떤 기준이 적용되고 있는가?

당신은 'X' 라는 자리가 비었으므로 'Y' 라는 사람이 그 자리를 메우게 될 것으로 생각한다. 적절한 자격을 지니고 있기만 하다면 말이다. 그러나 그 '적절한 자격' 이 도대체 무엇일까? 당신은 다음과 같은 것들이라고 말할 것이다.

- 경험
- 자격증
- 전문 지식

바로 이런 것들을 당신은 갖추고 있고, 따라서 당신이 적임자인 것이다. 그러나 실은 그렇지 않다. 대개의 경우 당신이 알고 있는 것보다 훨씬 더 많은 일들이 진행되고 있다. 예를 들어, 그 직위를 위한 구인 광고를 하는 것은 다음과 같은 이유 때문일 것이다

- 본사에서 구인 광고를 해야 한다고 말하기 때문이다. 그러나 당신 회

사의 경영자들은 그 자리에 사람을 채워 넣을 의도가 없다.

- 당신 매니저는 이미 그 자리에 앉을 사람을 비공식적으로 구해 놓았다. 비밀리에 이미 누군가에게 그 자리를 제공한 것이다.

- 그 자리는 구조 조정의 대상이 되고 있다. 따라서 6개월 후 해고될 사람에게 그 자리가 돌아갈 것이다.

- 모든 것이 시간 낭비이다. 그 일을 하던 사람은 이미 사직을 했지만, 경영자들은 마지막 순간에 구인 광고를 취소할 것이다. 그들은 지금 마지막까지 더 많은 돈을 요구하고 있는 것일 뿐이다.

- 누군가를 제거하기 위한 것이다. 경영자들은 그 자리를 정말이지 부적절한 사람에게 내줄 것이다. 그렇게 함으로써 현재의 직위에서 일할 수 없게 된 사람을 해고할 근거를 마련하는 것이다.

- 그 자리는 이번에 새로 만들어진 자리이다. 매니저가 그 자리를 자신이 편애하는 사람/사랑하는 사람/친구/친척/협박하는 사람에게 제공하기 위해 만든 자리인 것이다.

나는 당신을 피해망상증 환자로 만들고 싶지는 않다. 하지만 당신이 최상의 적임자라 할지라도 그 자리를 얻지 못하게 될 이유는 얼마든지 많다. 당신이 지원하지 말아야 할 이유 또한 아주 많다. 당신은 이 모든 것을 알고 있어야 한다. 무엇이 제시되든 그것의 심리학을 연구하라. 보이는 것과는 판이하게 다를 수 있으니 말이다.

10.5 자신을 너무 많이 노출시키지 마라

당신은 다음과 같은 것들은 남들에게 말하지 않는 것이 좋을 것이다.

- 사내의 새로운 직위에 지원할 의도가 있다는 것
- 사외의 새로운 일자리에 지원할 의도가 있다는 것
- 어쨌든 회사를 떠날 것을 고려하고 있다는 것
- 급여 인상 요구를 고려하고 있다는 것
- 작업 일정을 바꿀 생각이라는 것
- 당신이 법칙의 선수라는 것

당신이 하고 있는 일 중 어떤 것에 대해서도 남에게 주책없이 떠들어대 서는 안 된다. 법칙의 선수는 어떤 것에 관해서도 허풍 떨지 않는다. 우리 는 묵묵하고 겸손한 사람들이다. 그렇게 하지 않으면 당신이 한 말은 곧 가십거리가 될 것이다. 우리는 그것에 관한 법칙을 잘 알고 있지 않은가? 당신이 단 한 사람에게만 말한다 해도 비밀은 누설된다. 그 '한 사람'이 자신의 가장 친한 친구에게 말할 것이고, 그 친구는 또 자신의 가장 친한 친구에게 말할 것이다. 그런 식으로 소문이 퍼져 결국 당신은 상관 앞에 불려 갈 것이고, 왜 다음주 월요일에 회사를 그만두려고 하는지 심문받게 될 것이다. 사실 당신은 애초에 매점에서 일하는 수잔에게 단지 '회사를 그만둘까 생각 중'이라고만 했을 뿐이었는데 말이다. 만일 자신에 관한 사실을 누설하게 되면 당신은 다음과 같은 일을 당하기 쉽다.

- 말의 내용이 와전된다.
- 남들이 당신에게 불리하게 이용할 수도 있는 소문이나 가십거리, 또는 기회를 제공하게 된다.
- 경쟁자들에게 불공정한 이점을 제공하게 된다.
- 경영자들에게 이 단계에서 제공해서는 안 될 은밀한 정보를 주게 된다.

자신의 생각을 떠벌이지 마라. 자신의 생각을 남에게 털어놓지 마라. 그렇게만 한다면 크게 잘못되는 일은 없을 것이다. 당신이 마음먹고 있는 것은 온전히 당신에게 달려 있다. 당신에게 어떤 정보가 필요한데, 누군가가 왜 그것이 필요한지 묻는다면 가짜 이유를 고안해 내라. 아니, 이건 거짓말하는 게 아니다. 단지 그들을 따돌리는 것이다. 거짓말하지 마라. 하지만 당신은 용의주도하고, 우회적이고, 독창적이고, 창의적이고, 별난 사람이 될 수는 있다. 그러니 미끼를 만들어도 무방한 것이다.

누군가가 당신에게 특정 직위에 지원할 생각인지를 면전에서 묻는다면 "아, 항상 지원에 관해 생각하고 있습니다."라고 대답함으로써 언제든 그런 질문을 무시할 수 있다. 이 말은 지원하겠다는 말도, 지원하지 않겠다는 말도 아니다. '거짓말하지 마라' 라는 말을 명심하라. 사실은 그렇지 않으면서 '지원하지 않겠다' 고 말하지 마라. 실지로 지원하게 되면 당신은 거짓말쟁이로 보이게 될 것이다.

> "자신의 생각을 떠벌이지 마라.
> 자신의 생각을 남에게 털어놓지 마라.
> 그렇게만 한다면 크게 잘못되는 일은 없을 것이다."

10.6 주변 정보에 귀를 기울여라

어떤 일이 일어나고 있는지 당신이 모른다면 어떻게 정보화된 결정을 내리고, 자신의 커리어 플랜을 조정할 수 있겠는가? '어떤 일'이란 누군 가가 당신이 마음에 두고 있는 자리에 지원한다는 간단한 내용일 수도 있다. 그가 당신보다 더 경험이 많고, 자격이 있으며, 그 분야에 관한 전문 지식과 기술을 갖추었다면 당신이 물러나는 것이 현명할 것이다. 물러나 지 않는다면 실패하게 될 테니 말이다. 법칙의 선수는 항상 성공한다.

당신이 원하는 것은 가십거리가 아니라 진짜 사실들이다. 당신은 쓸데 없는 말은 듣고 싶지 않다. 실제로 일어나고 있는 일이 무엇인지를 알고 싶은 것이다. 따라서 당신은 다음과 같이 하는 것이 좋다.

- 다른 부서에 관한 정보를 얻기 위해 당신의 인맥을 이용하라.
- 회의에 참석하면 귀 기울여 잘 들어라. 말 속에 숨은 뜻을 읽어 냄으 로써 얼마나 많은 정보를 얻어 낼 수 있는지 알게 되면 놀랄 것이다.
- '숨은 의도'를 찾아내라. 사람들이 말하는 것은 실지로 일어나고 있 는 일을 가리기 위한 가면일 수도 있다.
- 사무실에서 가장 아끼는 사람을 만들어 두어라. 그들이 아무도 모르 는 사실을 알고 있음을 깨닫게 될 것이다. 당신은 그가 비밀을 털어 놓게만 하면 된다.
- 평사원들이 알기도 전에 미리 언론에 누설된 정보, 즉 새로운 합병이 나 기업 인수, 또는 경쟁사의 인수와 같은 정보를 찾아내기 위해 늘

업계 신문 같은 것을 구독하라. 이것은 당신이 동료나 경쟁자들보다 한 발 앞서 가도록 하는 유용한 정보가 되어 줄 것이다.

현재 하고 있는 일에 너무 많은 시간을 소비하기 때문에 그 일을 함으로써 어디에도 도달하지 못하는 사람이 많다. 당신은 때때로 머리를 들어 주변을 둘러보아야 한다. 풀을 뜯어 먹느라 바쁜 당신만 남겨 두고 당신의 존재를 잊어버린 채 계속 이동해 가고 있는 무리가 보일 것이다.

> "현재 하고 있는 일에
> 너무 많은 시간을 소비하기 때문에
> 그 일을 함으로써
> 어디에도 도달하지 못하는 사람이 많다."

10.7 경쟁자에게는 현 위치가 제격인 것으로 만들어라

'법칙 10.3: 중상모략하지 마라'를 통해 우리는 어떤 일이 있어도 중상모략을 해서는 안 되는 이유에 대해 알아보았다. '법칙 4: 좋은 말을 할 수 없으면 입 다물고 있어라'에서는 누구에 관해서도 나쁜 말을 해서는 안 된다는 것을 알았다. 그러나 경쟁자 중 한 사람이 상사에게 너무 가까이 다가가고 있어서 그에게 승진 기회를 빼앗길 것처럼 보인다면 당신은 어떻게 하겠는가? 그에게는 현재 직위가 딱 맞는 것으로 만들어야 한다. 그러나 당신은 중요하지만 평범한 그의 현재 업무들을 모두 지적하는 방법을 취해야 한다. 따분하고 평범한 일에서 나타나고 있는 경쟁자의 장점을 상사에게 지적해 주어라. "레이첼이 없으면 우리는 파일 정리를 어떻게 해야 할지…. 레이첼은 처녀자리 태생이 틀림없어요. 그녀는 그런 일에 매우 뛰어나거든요." 그러나 반드시 그 경쟁자가 정말 잘하는 점들만 지적해야 한다. 우리는 '법칙 5.4: 절대 거짓말하지 마라'에서 배운 대로 거짓말하지 않을 거니까. 하지만 특정 기능에 관해서만 경쟁자를 칭찬해야 한다. 경쟁자가 현재의 직위에서 가장 잘하는 기능으로 말이다.

당신의 상사는 당신의 고객이다. 당신은 그들에게 서비스를 팔고 있다. 당신의 동료들은 경쟁자들이다. 당신이 자동차 판매 사원이라고 하자. 누가 당신에게 옆 대리점에서 더 좋은 차를 팔고 있는 게 아니냐고 묻는다면 당신은 뭐라고 대답하겠는가? "그들은 우리보다 훨씬 더 좋은 자동차를 팔고 있습니다. 값도 더 싸구요. 사실 당신은 곧장 옆 대리점으로 달려가 그 차를 사는 것이 좋을 겁니다."라고 말하지는 않을 것이다. 하지만 나쁜 말을 해서도 안 된다. "그 회사 자동차들 모두 훔친 겁니다."라고 할 수는 없는 것이다. 그러나 당신은 "옆 대리점에서 파는 자동차들은 좋습니다. 하지만 다른 고객들에게 더 매력이 있을 겁니다. 그들이 파는 자동차는 우리 것과는 달리 좀더 가족형 세단 쪽에 가깝다고 할 수 있거든요."라고 말할 수 있다. 당신이 한 말은 거짓말이 아니다. 당신은 고객에게 간접적으로 아첨한 것이다. 숨겨진 의미는 '당신에게는 옆 대리점에서 파는 싸구려 작은 상자보다는 훨씬 더 비싸고 고급스런 자동차가 필요합니다.' 이다. 그러나 여기서 당신은 나쁜 말은 한마디도 하지 않았다.

당신은 경쟁자인 동료에게 새로운 직위에 관해 스스로 의문을 품도록 만들 수도 있다. "만일 당신이 리처드의 일을 맡게 된다면 그 모든 회의를 어떻게 견뎌 낼 거예요? 당신은 회의를 정말 싫어한다고 했잖아요." 희망 사항이긴 하지만 그 동료는 끔찍하고, 끝도 없고, 겁나는 모든 회의에 대해 생각해 볼 것이다. 그리고는 뒷걸음질을 할 것이다. 반대로, 당신은 모든 회의가 자극적이고, 흥미진진하며, 매우 생산적이라고 생각한다. 여기서 당신은 나쁜 말을 한마디도 하지 않았다. 단지 간단한 질문을 던졌을 뿐이다. 당신은 그들이 현재의 자리에 머물고 싶어하도록 만들어야 한다. 그들은 스스로 자신에게는 현재의 직위가 제격이라고 생각하게 될 것이다.

> "당신의 상사는 당신의 고객이다.
> 당신의 동료들은 경쟁자들이다."

10.8 경쟁자를 칭찬하는 체하며 비난하지 마라

앞의 법칙에서는 마치 우리가 음흉하거나 사악하거나 무자비한 일에 접근하는 것처럼 보였을 것이다. 하지만 그렇지 않다. 모든 것은 진심이어야 하고, 진실해야 하며, 정직해야 한다. 진심이 아니라면 그들을 칭찬하지 마라. 실지로는 사악하게 욕하면서도 칭찬하는 척하는 방법으로 누군가를 깎아내리기란 아주 쉽다. 이것을 재치 있는 접근 방법이라고 생각할지도 모르겠다. 하지만 그렇지 않다. 당신의 의도는 금방 발각될 것이다. 따라서 당신은 천박하고, 악의로 가득하며, 정말 무자비한 사람으로 보이게 될 것이다. '법칙 4: 좋은 말을 할 수 없으면 입 다물고 있어라' 를 기억하는가? 당신은 남들의 단점을 좋은 말로 가장하여 성공적으로 말할 수 있을 것으로 생각하겠지만, 그럴 수 없다. 이런 것은 금지된 행동이다.

- "아, 빌은 정말이지 찬란히 빛날 정도로 엉뚱한 사람이야. 그는 아주 독립적으로 생각하고, 테두리 바깥쪽에서 운영을 아주 잘해 나간다니까. 그는 정말이지 독창적이고 엉뚱해."

이 말의 진정한 의미는 "빌은 혼자 다니는 늑대 같은 인간으로, 약간 미쳤어. 그러니까 그를 믿어서는 안 된다구. 그에게는 부서 전체는 물론이고 다과회조차도 담당하게 할 수 없지."이다.

- "빌은 매우 결단력 있는 일꾼입니다. 그는 비용이 얼마가 들든 신경

쓰지 않거든요. 그는 일의 마지막 세부 사항까지 매달리지요. 뛰어난 결단력이라니까요. 무슨 일이든 끝까지 지켜보기를 좋아하구요. 어떤 프로젝트에 필요한 돈의 액수에는 상관없이 실용성에만 초점을 두는 그의 능력을 나는 높이 평가합니다."

여기에서의 진짜 의미는 "빌은 다른 사람의 돈은 고사하고 자기 돈에 대해서도 신뢰할 수 없는 사람입니다."이다.

- "빌은 정말 잘 어울릴 줄 아는 사람이야. 머리를 헝클어뜨리면서 재미있게 즐길 줄 알지. 나는 술을 잘 마시는 빌이 부러워. 그리고 엉뚱한 묘기 부리기에 있어서 빌은 정말 대단하다니까. 그는 자유로운 영혼을 가지고 있으며, 상당히 젊은 취향을 가지고 있어."

정말 하고자 하는 말은 "빌은 주정뱅이이고, 좀 거칠며, 동료들을 돌보지 않는 것 같아. 정신 연령이 아직 어리다니까."라는 것이다.

- "우리는 빌을 사무실에 잡아 둘 수가 없어요. 그는 그렇듯 활기찬 사람이지요. 우리 이 작은 새장은 그렇게 에너지가 넘치는 사람에게는 충분하지 못하다는 생각이 듭니다. 나는 빌이 부러워요. 그가 자리를 비우고 밖에 나가 고객들과 대화를 나누고 판매를 잘하고 있는 동안 나는 여기 앉아 서류 작업이나 하고 있으니 말이에요."

이것이 진정으로 의미하는 바는 "빌은 서류 작업을 정말 못해요."이다. 이런 덫에 걸려들지 마라. 상사들은 이를 꿰뚫어 보고 있을 것이다. 그들이 점잖은 사람들이라면 그런 것을 좋아하지 않을 것이다.

10.9 경력 향상의 기회를 포착하라

가끔씩 단조로운 일상에서 벗어나게 되는 때가 있다. 강렬한 활동을 하게 되거나 대중적인 주목을 받게 되는 이러한 순간은 당신의 경력을 향상시킬 수 있는 기회가 된다. 즉, 다음과 같은 순간들이다.

- 선발 면접
- 출근 첫날
- 프레젠테이션 발표
- 전시회 운영
- 중요한 회의에서 맡게 되는 사회
- 직원 연수의 책임자 활동
- 위기 상황 처리
- 노동조합과의 협상
- 건강안전위원회 회의 참석
- 수석 보좌관 역할
- 직원 기능 조직
- 고위층 인사, 유명 인사, 왕족 등의 방문에 대한 총책
- 사보 편집
- 대중 매체 관련 사안 처리
- 사무실 이전에 대한 감독

이런 일의 선택권을 처음 제시받게 되면 당황하거나 공포에 사로잡히는 사람들이 많다. "오, 아니에요. 올해에는 NEC에서 전시 부스를 운영하지 않을래요. 왜 저예요? 세상에, 왜 저란 말이에요?"라고 소리치는 식이다.

반면, 당신은 이 법칙을 잘 알고 있다. 이것은 당신의 경력을 향상시킬 기회이므로 자신을 빛내 줄 이 기회를 잡는 것이 좋다. 나쁜 일이란 없다. 단지 일에 대한 나쁜 태도만이 있을 뿐이다.

항상 이런 일을 더 멋지게, 더 흥미진진하게, 더 세련되게, 더 빠르게 해낼 방법을 모색하라. 이런 기회가 당신에게는 자신을 빛낼 수단을 제공해 주고 있다는 사실을 깨달아라.

> "나쁜 일이란 없다.
> 단지 일에 대한 나쁜 태도만이 있을 뿐이다."

10.10 동료들에게 인정받고, 그들과의 우정을 쌓아라

이 책이 제시하는 모든 법칙을 따른다면 당신은 정말이지 좋은 사람일 것이다. 자신감 넘치고, 유쾌하고, 확실하고, 호감이 가는 사람일 것이다. 당신은 계속 발전하면서도 주변 사람들과 여전히 재미있게 잘 지낼 것이다. 성공하기 위해 당신에게는 동료들의 지지가 필요하다. 그들의 우정과 승인도 필요하다. 만일 동료들로부터 이런 것들을 얻어 내지 못하고 있다면 그들이 당신을 괴롭히고, 끌어내리고, 내동댕이치고, 쫓아낼 가능성 앞에 자신을 활짝 열어 둔 것과 같다. 하지만 당신이 어떻게 해야 그들의 상사로 승진하기 위한 모든 것을 해내면서 동시에 그들의 우정과 승인을 얻어 낼 수 있을 것인가?

당신이 해야 할 일은 약간의 초연함을 유지하면서 그들 중 하나가 되는 것이다. 당신은 양 떼와 함께 달리면서 늑대들과 더불어 사냥해야 한다. 당신은 '그들 중 하나' 인 동시에 상사들 중 하나가 되어야 한다.

당신은 자제력을 잃거나, 술에 취하거나, 직원들과 함께 자거나 얽히지 않으면서 직원들과의 교제를 쌓아 가야 한다. 그들의 농담에 웃어라. 그러나 그들과 함께 휴가를 보내지는 마라. 그들의 문제를 들어 주어라. 그러나 그 문제가 사소하거나 중요하지 않다는 말을 하지는 마라. 그들이 스트레스를 받고 있을 때 그들을 지원하고 영양을 공급해 주어라. 하지만 당신 자신은 항상 평정을 유지하라. 당신은 그들의 어미 닭이 되는 동시에 그들의 친구이자 동료 공모자가 되어야 한다. 그들이 경영자들과 상사에 관해 불평하는 말에 귀를 기울여라. 하지만 당신이 정말 누구인지를 밝혀서는 안 된다. 결국에는 그들의 새로운 상사가 될 사람임을 누설해서는 안 되는 것이다.

당신은 그들의 일을 도와주어야 한다. 그래서 그들이 당신에게 의존하도록 만들어야 한다. 당신은 외교가, 조정자, 심판, 친구, 그리고 성직자가 되어야 한다. 그들이 선하고 친근한 당신을 사랑하도록 만들어야 한다.

당신은 그들의 힘의 구심점이고 후원자이자 동시에 친구가 되어야 한다. 당신을 특별한 사람으로 느끼도록 만들고, 당신이 없으면 그들의 삶은 어둡고 지겨운 것이 될 것이라고 느끼도록 만들어야 한다. 당신은 그 무리의 생명이자 영혼이 되어야 하며, 그 무리를 조직하는 사람이 되고, 후에는 문제를 해결하는 사람이 되어야 한다.

이 모든 것들이 가능하다. 쉽지는 않지만 가능하다. 당신이 그 정도로까지 동료들의 편에 선다면 당신을 밀어 주고, 당신을 자신들의 상사로 원하고, 자신들을 이끌어 주기를 요구하는 사람들은 바로 그들이 될 것이다. 당신은 매우 뛰어난 '법칙의 선수'가 될 것이다.